▶ 工程素养系列图书

U0807076

ENGINEERING LITERACY

工程素养 拓展篇

同济大学出版社
TONGJI UNIVERSITY PRESS
·上海·

ENGINEERING LITERACY

工程素养 · **拓展篇**

编委会

主　编： 丁　力

编　委：（按姓氏笔画排序）

马　端　　凤慧娟　　毕志毅　　吕　岳

李光明　　杨旭辉　　时　多　　陆　晔

陈　华　　赵云龙　　高　景　　高红亮

常华阳

ENGINEERING LITERACY

工程素养 · **拓展篇**

前 言

《工程素养（拓展篇）》从工程素养的视角，向广大学生介绍工程技术领域所需的基本知识、技能和态度，期望激发学生们对未来工程技术的兴趣，培养和提高他们的工程素养，也为未来的科技创新人才培养奠定基础。因此，本书在《工程素养（基础篇）》的基础上，通过对“随处可见的机械工程”“连接世界的通信工程”“和谐共生的环境工程”“智能高效的微生物工程”和“改造生命的基因工程”五个典型工程领域的现状、案例、实践和远景的介绍，让学生基本理解工程技术原理，了解工程素养的前期观察、实验操作、数据记录、实验报告撰写等过程，促使学生尝试思考用不同的方法解决多种工程问题。

通过本书各章的学习，尤其是工程项目实施的案例，学生能够培养在实施工程项目中必须具备的优秀品质，即要有系统的思考能力、出色的动手能力和不屈不挠克服困难的精神。同时通过每章节的学习，学生能够增强团队协作的意识，获得团队合作的经验，学习和提高与他人协作共同完成任务的意识。本书还重点训练学生使用科学的方法观察现象、提出假设、设计实验和分析数据，对提高学生逻辑思维和批判思考能力有一定的帮助。

工程素养教育是培养学生创新精神和动手能力的平台，希望本书的出版对学生有所帮助，同时我们也认识到提高学生良好的工程素养是一个持续和系统的过程，需要家庭、学校和社会三方面的共同努力，要为学生提供各方保障，让学生有更多学习机会去实践工程素养教育，帮助他们将想法转化为现实。

希望在本书的帮助下，广大学生能够充分利用学习工程技术的机会，以成为未来优秀的社会主义建设者和接班人为发展目标，像工程师那样，能为强国大业的理想而练本领、学担当，扎实地培养工程素养。

殷赵霞教授、沈季玮博士参与了通信工程部分的编写，博士生俞超杰、硕士生周郭宁参与了环境工程部分的编写，张艳芳参与了微生物工程部分的编写，在此表示感谢。

如有错漏之处，敬请斧正。

本书编写组

2024 年 12 月

目 录

ENGINEERING LITERACY

工程素养 · 拓展篇

1

ENGINEERING LITERACY

工程素养 · 拓展篇

2

第二章 连接世界的通信工程

ENGINEERING
LITERACY

工程素养 · **拓展篇**

第三章
和谐共生的环境工程

3

ENGINEERING LITERACY

工程素养 · 拓展篇

4

第四章 智能高效的微生物工程

ENGINEERING
LITERACY

工程素养 · **拓展篇**

第五章
改造生命的基因工程

ENGINEERING LITERACY

工程素养 · **拓展篇**

1

第一章
随处可见的机械工程

机械工程是以相关的自然科学和技术科学为理论基础，运用力学、材料科学、控制理论等多学科的知识，实现能量的转换、传输及利用，并结合生产实践中的技术经验，研究和解决各种机械系统的开发、设计、制造、安装、运用和维修等实际问题的应用学科。机械工程作为推动社会进步与产业升级的重要力量，其本质不仅体现在技术层面的创新与应用，更蕴含了人类智慧对自然规律的深刻理解和利用，从而满足工业生产、日常生活及科技探索的多样化需求。

01 第一单元 机械工程的缘起和发展——以运输机械为例

第1节 机械的力量——工业革命与机械工程

机械工程作为一门学科，其起源可以追溯到古代。在古代，人们就开始使用各种简单的机械工具，如杠杆、滑轮、轮轴等，来帮助完成各种工作。这些工具的设计和制造都是基于人们在生活与生产实践过程中对自然现象的观察和理解，如古人“见飞蓬转而知为车”就是通过观察草团随风转动的现象发明了车轮并制造了车辆。我国春秋战国时期，随着铁器和生铁冶铸技术的发展，出现了如弩机、被中香炉等精巧的机械装置。

真正意义上的机械工程学科，是从工业革命时期开始形成的。18 世纪 60 年代，第一次工业革命开创了以蒸汽机代替手工工具的变革，机械工程的发展在这一进程中起到了重要作用。蒸汽机的发明和机械的使用，推动了包括煤矿开采、钢铁冶炼、机械制造、交通运输、纺织业等的发展，之后动力机械技术的突破使汽轮机、内燃机和各种机床相继出现，促进了各技术领域的飞速发展，人们开始大规模地使用机器来生产各种产品。这一时期的机械工程发展不仅体现在动力机械的创新上，还深入到机械加工、制造及设计等多个环节。机床的发明与改进，使得金属零件的加工精度和效率大幅提升，推动了机械制造业的繁荣。同时，机械工程的理论体系也逐渐完善，热力学、材料力学等基础学科的发展为机械设计提供了科学依据，并促进了机械工程学科的发展，使之成为工业生产的核心力量。

工业革命不仅改变了生产方式，也深刻影响了社会结构和人们的生活方式。以车辆为例，从最早以人力、畜力和风力驱动的车辆，到以蒸汽机、内燃机、电动机为动力的现代车辆，无论是运输能力、可靠性还是舒适程度都随着机械工程的发展而不断地进步。目前，随着计算机和人工智能技术的发展，车辆也正逐步进入智能化时代。

第2节 从原始到现代——运输工具的发展

早期人类将物品堆放在置于雪地、土地或草地上的木板上，通过拖曳木板移动物体，此后在木板底下安放圆木，以滚动代替滑动，这大概就是车的雏形。经过不断改进，圆木逐渐演变为车轴和车轮，便形成了以人力、畜力或风力为动力的车辆，实际上这类车辆目前还在被广泛使用。

以自然力量为动力的车辆，成为现代生活中不可或缺的一部分。在汽车发展史上，工业革命的成果都体现和应用在了汽车上，从最初的蒸汽机，到内燃机，再到目前正大力发展的电动、智能汽车，汽车的每一步发展都和技术的进步密不可分。

18 世纪中叶，法国工程师设计制造了世界上第一辆蒸汽驱动的三轮汽车，这一革命性的设计将汽车推向了世界的舞台。19 世纪 80 年代，第一辆投入实际使用的内燃机汽车在德国诞生。汽车在日常生活中的日益普及，带来了能源和环境的问题，科学家和工程师在汽车动力系统上开展了大量研究，开发了一系列新技术，如在发动机和排气系统中安装各类传感器，以提高燃油效率、控制污染物排放，同时还大力研究和发展新型动力系统，如混合动力、纯电、燃料电池等。

在汽车的发展历史中，机械设计和制造技术的发展决定了汽车各项性能的提高，如由手动变速箱到自动变速箱，由自然吸气到涡轮增压、ABS、安全气囊等，使车辆的操控更方便，使用更经济，安全性更高。

第 3 节

传承与创新——绿色、智能化的运输工具

随着工业的发展，机械工程也在不断地进步和发展，在经历了蒸汽机时代、内燃机时代和自动化时代后，随着计算机和人工智能技术的发展，机械工程开始进入智能化时代，这个时期的机械工程主要关注智能机器的设计、制造以及机器人的智能化应用。

就汽车而言，目前的发展方向是绿色与智能化。据粗略统计，汽车一年消耗的石油资源占全球总消耗量的 25%，这是人类应对能源和环境问题时需要考虑的一个重要因素。在此背景下，新能源汽车应运而生。新能源汽车所涉及的大量新技术中，最重要的是电池、电机和控制系统。在电池方面，目前主要应用的是技术最为成熟的镍氢电池，随着技术的进步，镍氢电池将逐步被锂电池、燃料电池替代。

目前的新能源汽车已将大量传感器应用于车辆的各个部分，配合全球定位系统，利用人工智能技术和大数据等协同实现整车控制，如电池管理系统（Battery Management System，BMS）可以检测电池的状态与性能，以控制充电与电量输出，对电池的正常和安全使用至关重要；又如能量管理系统（Energy Management System, EMS）通过采集汽车的运行数据，实现预测剩余行驶里程、监控电池的状态、控制和调节车内温度及车灯亮度、回收制动能量为蓄电池充电等功能。随着软件和硬件的发展，今后车辆的智能化程度将越来越高。

02 第二单元 发明、设计与改进——以自行车为典型案例

本节以自行车为机械工程典型案例，通过剖析、引导、学习与实践，帮助读者了解自行车的基本结构与功能，并由此了解工程发明、设计与改进的过程和方法。

自行车是日常生活中普遍使用的非机动交通工具之一，它结构简单，使用和维护方便，不消耗能源，也不产生污染，属于绿色环保交通工具。近年来，共享单车已成为建设绿色、低碳城市并解决市民出行“最后一公里”问题的有效交通方式。此外，骑自行车具有强身健体的作用，是体育竞赛的重要项目。1896 年自行车项目就被列入奥运会正式比赛项目。始于 1903 年的环法自行车赛是全球最高水平的自行车比赛之一；诞生于 20 世纪 70 年代的铁人三项将游泳、骑自行车和跑步这三项运动结合起来，成为考验运动员体能和意志的新型运动项目。近年来，自行车从传统代步型交通工具向运动型、山地型、休闲型交通工具转变，在城市休闲生活中，骑行旅游已成为许多人选择的方式。

第 1 节 自行车的发明与改进

自行车的起源和发展经历了漫长的过程，从最初的简单雏形到现代自行车，这一过程凝聚了发明家和工程师持续的努力。18 世纪末，法国人发明了第一辆代步小车，这辆小车由两个木质的车轮组成，中间连着横梁，上面安了一个小板凳，小车没有传动链条，只能靠骑车人双脚用力蹬地产

生的反作用力前进，且无转向装置，因此只能直行。这辆代步小车被认为是自行车的雏形，它奠定了后世自行车设计的基础。

随着时间的推移，自行车的结构设计逐渐完善。1817 年，德国人在前轮上加了一个控制方向的车把，使自行车能够改变前进的方向。1840 年，英格兰铁匠在前轮的车轴上装上两个曲柄，再用连杆把曲柄与前面的脚蹬连接起来，使得人的双脚真正离开了地面，将双脚的交替踩动转变为轮子的滚动，这一改进使得自行车的设计向前迈进了一大步。1870 年，英国人设计出了大小轮自行车（图 1-1），这种自行车后轮直径只有 30 厘米，而前轮直径在 125 厘米以上，脚蹬直接安装在前轮上，以前轮驱动，速度非常快，但这种设计存在上下车极为不便的问题。1885 年，另一名英国人对此结构进行了改进，制成了一辆可操作性较强的自行车，解决了自行车设计中的四大关键问题，包括将自行车的双轮恢复成相同的尺寸，制造了今天仍普遍使用的菱形车架，把动力系统转移到后轮，发明了自行车链条传动等。1888 年，苏格兰人发明了自行车充气轮胎，充气轮胎是自行车发展史上的一个划时代的创举，不但从根本上改进了自行车的骑行性能，也解决了自行车多年来最令人感到不适的震动问题，这一发明在 1900 年成为所有自行车的标准配件。20 世纪 20 年代，制动块的诞生使自行车的刹车更快更稳。之后多种结构的自行车变速器诞生，改进了骑行的舒适性

图 1-1 早期的大小轮自行车

和功能性。时至今日，自行车已成为全世界人们使用最多，最简单、最实用的交通工具。

自行车的发明和发展史是一部机械工程发明、进步和创新的缩影史，自行车不断发展的根本动力源于科学与技术的进步及人类的智慧与创新。数百年来通过机械工程师们对自行车的结构与功能的不断改进与创新，自行车的形态由以前的看似“奇形怪状”逐渐变成了如今大家常见的形状，骑行性能得到提高，同时实现了零部件标准化及工业化生产，生产效率和产品质量极大提高，生产成本极大降低。

第2节 自行车平衡原理

自行车只有两个轮子，骑行中必须控制车与人组合体的平衡，其原理存在各种解释，包括陀螺仪效应，惯性定律，驾驶者的感知和调节，自行车的结构设计等。

思考与讨论

请根据你学到的科学知识和实践体验，对以上四种解释进行分析思辨，选择你认为合理的解释并给出科学说明（骑行者通过不断感知自身的位置和动态变化，调整身体及自行车的姿态以调整车与人组合体的重心位置，使自行车在行驶过程中保持动态平衡）。

第 3 节

自行车基本结构组成

根据自行车各部件的基本功能与特点，现代自行车结构大致可分为车架、车轮、传动系统、制动系统、转向系统和其他辅助配件六大部分(图1-2)。

图 1-2 自行车基本结构组成

1. 车架

车架是构成自行车的基本结构体，也是自行车的躯干和承载主体，其他部件都直接或间接地固定在车架上（图 1-3）。

图 1-3 自行车车架

目前自行车车架的材质主要包括碳钢、不锈钢、铝合金、钛合金、碳纤维等。工程师在选用车架材料时主要考虑与应用需求相关的车体强度、重量、制造成本等因素。车架结构大多采用最稳固、最节省材料的菱形车架，如图 1-3(a) 所示。车架的结构与外形设计涉及力学、机械学、材料学、人体工程学等，还需考虑自行车的用途、道路状况、骑行者的身高以及上下车便利性等。人们在实际使用中发现普遍使用的菱形车架存在上下车不便的问题，尤其是对穿裙装的女性，于是工程师们去除了菱形车架的横杠，但这会导致车架稳固性变差，于是设计采用双斜杠的结构以满足骑行便利性并弥补了车架稳固性不足的缺点，如图 1-3(b) 所示。

2. 车轮

车轮是自行车的基础部分，自行车前后车轮共同支撑整个车体及载荷的重量，通过动力驱动使自行车在道路上稳定行驶，前轮在行驶过程中起到导向作用。

自行车的车轮通常由轮毂、辐条、轮胎、花鼓、轮轴和轴承组成(图 1-4)。轮毂是车轮的外框，通常由铝合金或不锈钢制成。花鼓通过辐条固定在轮毂中心位置，钢丝辐条以放射状或交叉状排列方式使轮轴保持居中，并使车轮径向偏心度及横向偏摆度达到最小。现在也有些自行车不采用钢丝辐条结构，多见于赛车及共享自行车，前者采用碳纤维一体化结构以提高轮毂强度，后者主要考虑耐用性。

图 1-4 车轮的组成

轮毂上安装橡胶轮胎。轮胎包括内胎与外胎，内胎位于轮毂与外胎之间，内部充有一定压力的空气，具有使轮胎受力均匀、减小骑行震动及骑行阻力的作用。外胎包裹着内胎，具有保护内胎的作用，并在行驶过程中与地面滚动摩擦。外胎表面刻有花纹和沟槽，其主要作用是增强胎面与路面之间的摩擦力，提高轮胎的排水性，防止车轮打滑。此外，当胎面受到驱动力、制动力或外力作用时，外胎花纹将产生较大的弹性变形，从而提高胎面的接地弹性及骑行舒适性，并有效抑制轮胎与路面之间的打滑现象或趋势。仔细观察可以发现，不同用途的自行车其外胎表面的花纹和沟槽设计差异很大。

现在有许多共享自行车采用实心轮胎，即只有外胎，省去了需要充气的内胎，这主要是基于耐用度和免打气需求考虑，但这并不是简单地回到1888年以前的结构设计，而是以实心轮胎材质的优异弹性弥补省去充气内胎的不足。当然，实心轮胎自行车的骑行舒适度还是无法与充气轮胎自行车相比的。

轮轴外形是圆柱形的金属杆，两端的螺纹供安装固定在车架上。轮轴与轴承是连接车架和车轮的旋转件，它们是车轮的关键零部件，主要作用是承载重量、为轮毂的转动提供精确引导、降低旋转过程中的摩擦力。轮轴的原理和应用体现了机械设计中的基本概念，对于理解和应用力学原理具有重要意义。自行车的轮轴中段穿过花鼓，两端固定在车架上。轮轴与花鼓及置于其间的一组钢珠构成轴承。

轴承是当代机械设备中一种重要零部件，其用途极其广泛，涵盖从航空航天到高铁、汽车、小型无人机、家用电器、精密仪器、机械手表、计算机硬盘等多个领域。轴承的主要功能是支撑机械旋转体，减小其在高速运转过程中的摩擦系数，并保证其回转精度。自行车的前后轮、飞轮、中轴、脚蹬及前叉等转动结构都使用了轴承。

经历数百年的进化，轴承形成了各种分类结构与用途。最简单的旋转轴承是轴套轴承，就是一个夹在转轴和固定体之间的衬套（如家用台式电扇中的轴承）。这种设计随后被滚动轴承替代，就是用很多球形或圆柱形金属滚子替代原先的衬套，每个滚动体就像一个单独的车轮，以滚动摩擦代替滑动摩擦，极大减小了旋转运动过程中的摩擦力，奠定了现代轴承的基础。

轴承种类繁多，深沟球轴承是滚动轴承中最为普通的一种类型。基本型的深沟球轴承由一个外圈、一个内圈、一组钢球和一组保持架构成（图1-5），保持架就如一个个小笼，每个钢球被约束在一个小笼内，就能避免旋转过程中球与球之间发生碰撞而造成额外的摩擦损耗。轴承内都灌注有润滑脂

（不是液体润滑油），它具有润滑、防锈、耐腐蚀、耐干枯及抗氧化作用，可减少旋转运动过程中的机械磨损，并延长轴承的使用寿命。

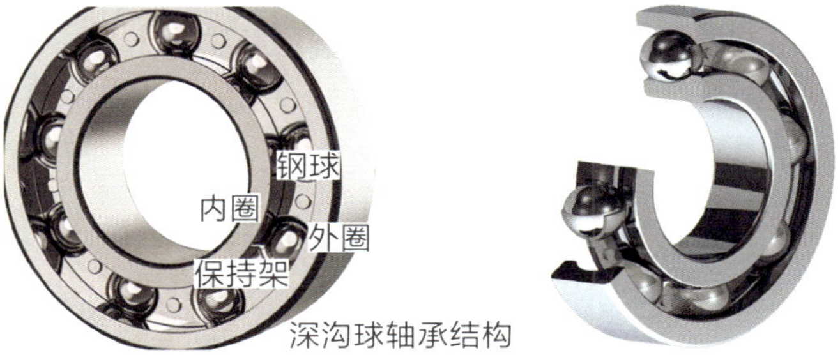

图 1-5 滚珠轴承

3. 传动系统

机械系统中的传动是指机械之间的动力传递，将机械动力通过中间媒介传递给终端设备，除了传递动力，机械传动还具有改变转动方向、速度、扭矩的功能。机械传动方式有许多种，最常见的包括链条传动、齿轮传动、皮带传动，以及摩擦传动与液压传动等。若有条件观察汽车、自行车等交通工具的内部机械部件的传动机构，就能发现上述各种机械传动方式的普遍应用。

自行车的传动系统的主要功能是将骑行者的体力有效地转化为自行车车轮的动力，从而驱动自行车前进。

自行车传动系统由脚蹬、曲柄、中轴、牙盘、链条、飞轮、后轮轴及后轮等部件组成（图 1-6）。牙盘是整个传动系统的主动体，飞轮为被动体。脚蹬安装在中轴两端的曲柄上，将两腿往复运动的动力转化为牙盘的转动，牙盘通过链条传动使安装在后轮轴右端的飞轮转动，从而驱使自行车后轮运转。

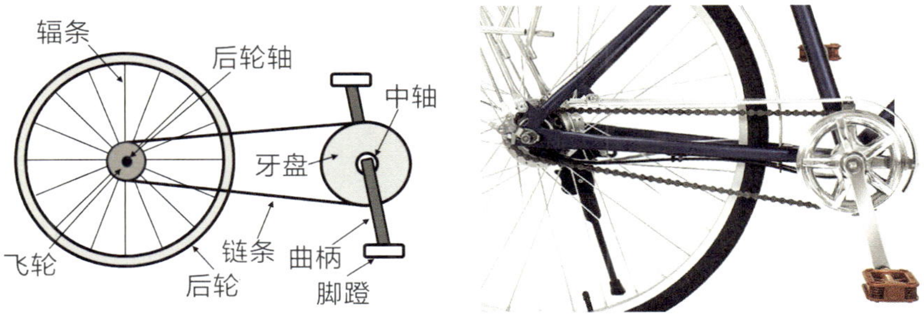

图 1-6 自行车的传动系统

自行车飞轮的结构与作用很独特（图 1-7），飞轮外圈的外侧是链轮，与传动链条连接并跟随链条转动，飞轮外圈的内侧是棘轮，上面有棘齿（棘齿的两边不对称），棘轮两侧沟槽内部有两圈钢珠，与内圈构成滚珠轴承。飞轮的内圈通过螺纹固定在后轮的花鼓上，花鼓通过辐条连接后轮毂。飞轮外圈与内圈之间有两个“棘爪”（也称棘牙），安放在飞轮内圈的圆槽内，通过弹簧或弹性钢片始终保持弹起状态并扣住棘轮的齿，当脚蹬正向转动时，通过链条传动使链轮及棘轮一起转动，棘轮通过弹起的棘爪带动后轮轴旋转，也就是自行车正常行驶时用脚蹬带动后轮旋转。而当脚蹬停止或反转时（此时链条随牙盘不动或反向运动），飞轮内的棘爪在棘轮齿斜面上滑动，不会带动后轮轴旋转，因此牙盘不转动或倒转对后轮无驱动作用，后轮仅靠惯性正向转动，反之后轮的正向转动也不会通过飞轮带动链条及牙盘一起转动，所以飞轮利用独特的棘轮和棘爪结构实现对后轮的单向驱动。另外，注意一个技术细节，飞轮盖板的螺纹方向与常规的相反，采用了反螺纹（即顺时针旋转是旋松，逆时针旋转是旋紧），这是为了避免牙盘倒链过程引发盖板沿螺纹松动方向转动而脱落。反螺纹设计也应用于自行车的左侧脚蹬螺杆。

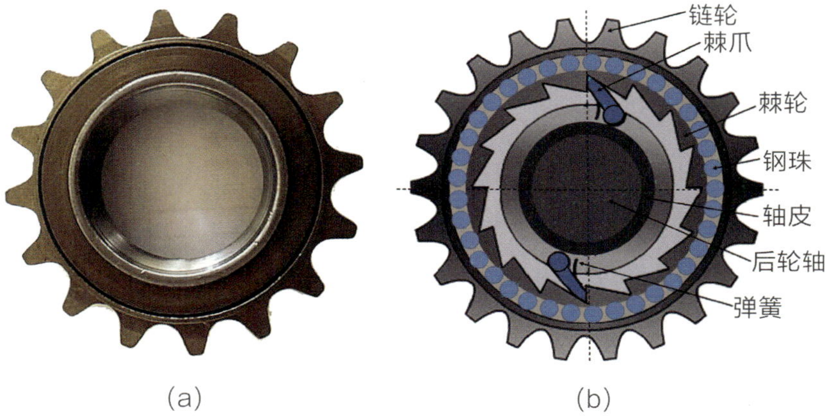

图 1-7 自行车飞轮 (a) 外形与内部结构 (b)

自行车的动力传动方式除了传统的链条—齿盘结构传动外，还有同步带传动、齿轮传动等（图 1-8），在机械传动效率、骑行舒适性及运转可靠性等方面各有特色。

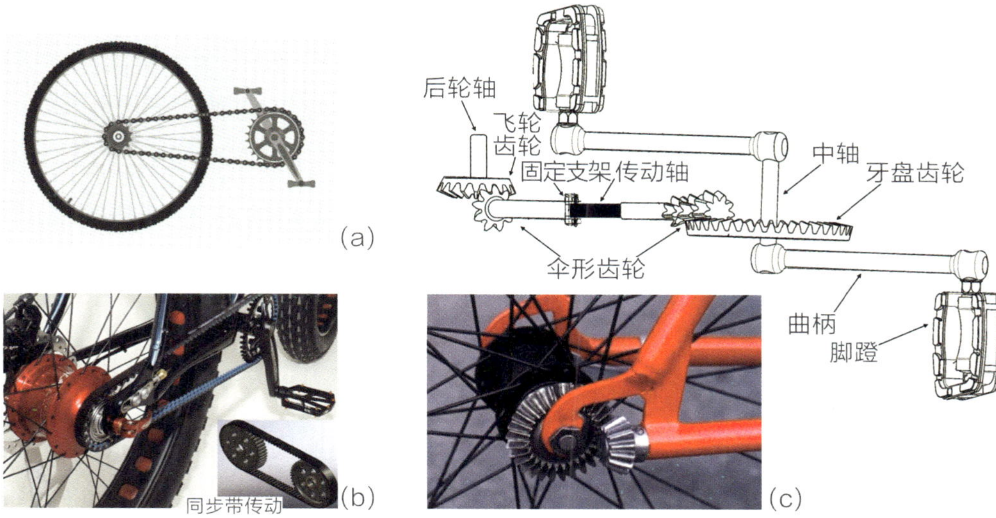

图 1-8 自行车的 (a) 链条—齿盘结构传动，(b) 同步带传动 ,(c) 齿轮传动

此外，自行车的变速器也是传动系统的一部分。通过调节变速器，自行车可适应各种骑行需求和环境变化。变速器允许骑行者根据不同的骑行条件调整齿轮比，改变扭矩以适应上坡或下坡等不同路况。自行车变速器根据其结构基本可分为外变速器（齿盘组合，结构简单、成本低、易掉链）与内变速器（行星齿轮组，结构精密、可靠性强、免维护、寿命长）两大类（图 1-9）。

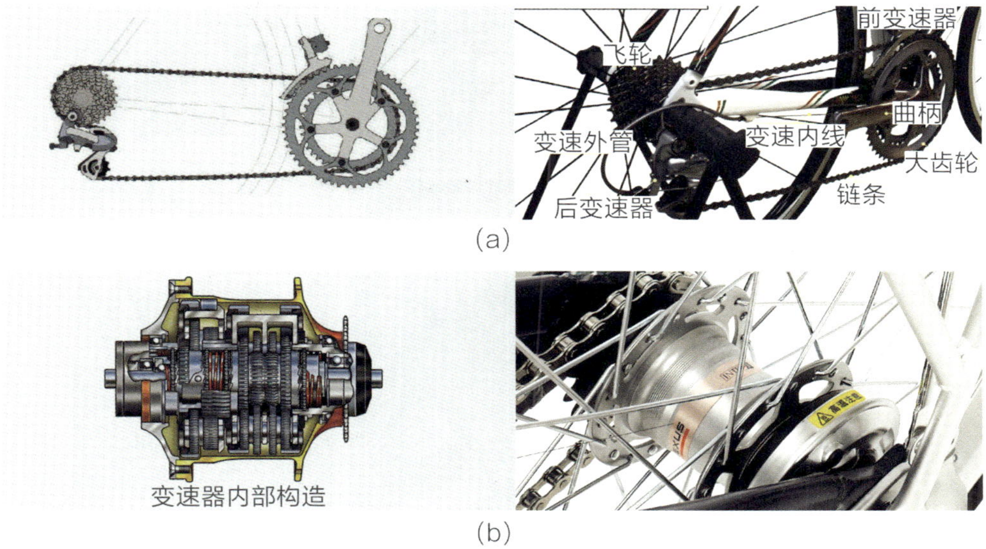

图 1-9 两种自行车变速机构 (a) 外变速器，(b) 内变速器

变速器的调节都是通过改变“齿比”（外变速器通过调节前、后拨链器改变前大盘齿数与后飞轮齿数的比例，内变速器通过调节变速控制器改变安装在后轮轴内部的行星齿轮组的啮合）从而改变自行车的速度和力量输出。例如，通过调整齿比，骑行者可以在需要更大力量的情况下选择较低的齿比，或者在需要更高速度的情况下选择较高的齿比。

4. 制动系统

自行车制动系统的主要作用是控制车辆速度，实现减速和停车。制动器俗称刹车，由车闸部件组成，通过车轮与刹车皮之间的摩擦来实现制动功能。骑行者可以随时操纵安装在车把上的刹车把手，使行驶的自行车减速或停驶，确保行车安全。制动器按结构可分为钳式、抱式、鼓式、碟式等，各种结构因其摩擦片面积及正压力等不同而性能各异，其中钳刹和抱刹因其结构简单且制动效果满足日常使用要求而成为最常用的刹车结构（图 1-10）。

图 1-10 自行车 (a) 前轮钳刹和 (b) 后轮抱刹

5. 转向系统

自行车转向系统除了控制行驶方向外，还有保持车身平衡的重要作用。转向系统由车把、前叉、前管，以及前轴和前轮等部件组成。

前叉部件在自行车结构中处于前端位置，它的下端连接前轴和前轮，上端穿过焊接在车架上的前管与车把部件相连，共同组成自行车的转向系统。转动系统不仅可以使前轮改变方向，起到为自行车导向的作用，还可以起到控制自行车平衡的作用。前叉部件的受力情况属悬臂梁性质，故前叉部件必须具有足够的强度，这就是我们看到山地自行车前叉都特别粗壮结实的原因。

自行车的刹车控制、变速控制器以及其他一些附件如车灯、车铃、反光镜等也都安装在车把上，便于骑行者操控。

03 第三单元 实践与探究——自行车的主要结构

本节要求通过实践操作，初步了解自行车结构分解与装配调试方法，在此过程中学习简单工具的使用方法。

预先配置好供实践拆装的自行车及必要的工具（扳手、钢丝钳、尖嘴钳、螺丝刀、辐条扳手、3号工业脂）及防护手套，在实验室开展实践教学活动。由教师指导，学生分组动手操作，基本内容与要求包括：完成自行车主要结构部件的拆解、探究、装配与调试，在此过程中学习机械工程的基本操作方法与要领，以及基本工具的特点、选择与使用要点。

第1节 车架

（1）观察并了解菱形车架外形特点、材料结构，以及车架与前后车轮、车把、传动机构、座垫等的连接方式。（基本要求）

（2）了解三种常用扳手（开口扳手、梅花扳手、活扳手）的特点、选用及使用方法，学习使用活扳手、开口扳手和梅花扳手调节座椅及车把的高低。（基本要求）

（3）从力学原理及使用要求综合分析城市自行车、便携式自行车及公路自行车车架的结构设计特点。（基本要求）

第 2 节
车轮

（1）动手拆卸与安装前轮，在此过程中学习工具的选择与使用方法，以及拆卸与安装前轮的基本操作方法和操作要点。（基本要求）

（2）拆卸前轮轴，包括轴与钢珠（图 1-11），了解车轮轴承的作用、原理、内部结构、润滑方式与安装方法，在此基础上完成前轮轴承的装配。（基本要求）

图 1-11 自行车前轮、后轮及轴承结构

（3）拆卸并安装前轮胎，了解内胎与外胎结构、安装方式、拆装工具选择与使用方法、操作要点和注意事项。（基本要求）

（4）识别两种常见的气门嘴（美式气门嘴，英式气门嘴），实践操作轮胎打气方法及压力判断。

（5）学习如何判断车轮的偏心和偏摆程度，实践操作如何用专用工具（辐条扳手，图 1-12）通过调整辐条张力来校正车轮轴的偏心度和轮圈的偏摆程度（要点：调辐条是“牵一发而动全局”，要正确判断并合理协调相关辐条的张力，使轮圈径向无明显偏心、横向无明显偏摆。辐条张力调得过大会导致辐条钢丝断裂）。

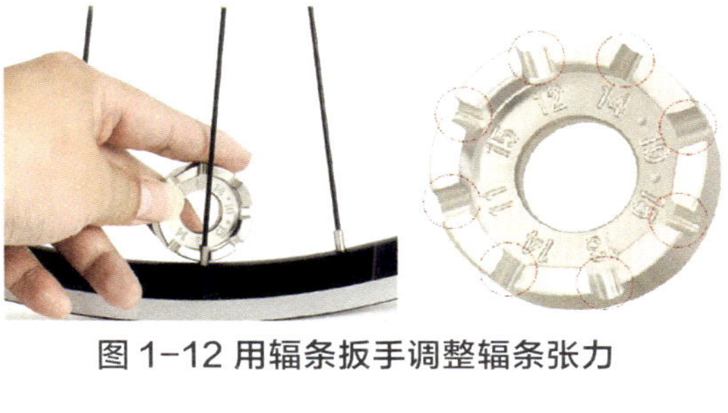

图 1-12 用辐条扳手调整辐条张力

思考与讨论

1. 轮胎气压偏高或偏低会有什么影响和后果？实心轮胎与充气轮胎对使用者有何不同影响？

2. 自行车车轮是选大轮好还是小轮好？自行车轮胎规格为何是英制？了解英制与公制的换算。

3. 若组织一次骑行郊游，为防备轮胎被地面尖锐物体刺破漏气，该如何应对（修补 / 更换？备用内胎，补胎片，工具，打气筒）？如何查找自行车轮胎漏气位置并修复？

4. 车轮轴偏心对骑行有何影响？缺失几根辐条会有什么影响及后果？

第 3 节
传动系统

（1）分别以顺时针、逆时针方向转动脚蹬，观察过程中链条、飞轮与后轮的传动关系，了解后轮轴上飞轮的功能与结构特点。不建议拆卸飞轮，有条件的情况下可观察已拆卸的飞轮的内部结构。

（2）了解单速自行车传动系统基本结构与特点，以及传动链条的结构，实践操作传动链条的安装与调整，掌握链条松紧调整方法，以及链条脱落后的安装方法，包括以下两种：

a. 先将链条套上飞轮，然后再挂上牙盘齿，转动脚蹬使链条随着牙盘转动全部套进牙盘齿。

b. 找到链条接头位置（图 1-13），用尖嘴钳取下链条扣上的 U 形销片和链条扣，将打开的链条套到牙盘和飞轮齿上，然后再插上链条扣、装上销片。

（3）了解外变速传动结构特点，齿盘组及拨链器的功能，并开展实践操作。有条件的情况下可观察拆卸后的内变速系统齿轮组结构。

图 1-13 链条接头与链条扣

思考与讨论

1. 自行车的传动能否不用飞轮？用链条直接驱动后轮会产生什么结果？（基本要求）

2. 链条太松或太紧对骑行的影响（太松易掉链子，太紧使骑行费力）？（基本要求）

3. 除了最常见的链条传动，你还见过或使用过其他传动方式的自行车吗？请具体描述其结构与原理，并比较它们的特点。

4. 变速器除了改变骑行速度，还会对骑行者产生什么影响？

第4节
制动系统

（1）比较两种最常用的制动系统（钳刹，抱刹）的结构特点，了解其制动原理，比较二者的制动效果。

（2）通过实践操作掌握刹车间隙调整的基本方法，了解刹车日常保养要点。

思考与讨论

1. 比较两种制动系统，哪种刹车制动效果更好？为什么普通自行车大都采用前轮钳刹、后轮抱刹的结构？

2. 刹车间隙过大或过小会有什么影响？轮胎偏心对刹车性能有何影响？

04 第四单元 拓展、优化与创意

基于本单元第二、第三单元学习与实践过程及对自行车基本结构的了解，同学们可联系生活实践体验，寻找存在的问题与需求，综合运用科学知识，借鉴其他工程学的技术与方法，并发挥创意想象，对自行车结构与性能进行优化，对提高骑行安全性及舒适性提出改进设想与创意设计。

可以采用分组讨论的形式，按激发创意思想—方案设计—可行性论证—初步设计研制形式，也可以采用作业、小论文或探究小课题形式完成。

以下选题可根据学校客观条件参考选用。

1. 安全性

工程创意设计　想象—方案—论证—设计—制作

（1）**灯光照明：**夜行灯。电源与照明灯，问题与对策（电池容量预算，电源不足时的应对方式）。

（2）**反光提醒：**反光镜，反光背心。反光镜反射特性探究，适应情况与局限性。

（3）**视野扩展：**后视镜。适用性与有效性。

（4）**转向警示：**转弯灯。控制方式与供电方式。

2. 舒适性

设计报告 / 研究型小论文

（1）**结构优化：** 为减小骑行者体能消耗，应考虑哪些因素（风阻、地面阻力、传动损耗），提出合理对策及创意设计，画出原理图。

（2）**电动辅助驱动：** 基于常人腿的持续输出功率（≤ 0.2 千瓦）和驱动要求（动力 / 助力、速度），考虑电机功率选取、动力电池容量与充电方式，以及太阳能利用的可行性（光 – 电转换效率、光电池面积与输出功率）与开发前景。

3. 功能性

提出创意设计

（1）**计程：** 机械式、电子式、手机（方案设计）。

（2）**健身：** 骑行速度测试，阻尼设置与调节，功 – 卡路里定量换算（模拟设计）。

ENGINEERING LITERACY

工程素养 · **拓展篇**

2

第二章
连接世界的通信工程

通信工程的核心在于信息的传递与处理。从早期的口头传递、狼烟烽火，到近现代的电报、电话，再到如今的互联网和移动通信，从简单的语音、文字传递到复杂的图片、视频、数据传输，通信工程发生了翻天覆地的变化。

通信工程的发展历程与人类社会的进步紧密相连，始终与人类文明同行，通信工程的每一次技术跃进都极大地推动了人类社会的发展，深刻影响了人类的生活方式、工作模式乃至社会结构的变更。

在现代社会，通信工程作为科技进步的重要推动力量，已经成为连接世界的关键纽带，不仅促进了信息在全球范围内的快速流动，也极大地改变了人类的生活和工作方式。例如，智能手机的普及使得移动互联网成为人们日常生活中不可或缺的一部分；远程医疗和在线教育的发展突破了地域限制，提高了服务质量；物联网的应用则实现了万物互联，为智慧城市的建设提供了技术支持。

通信工程极大地缩短了人与人之间的距离，在推动社会进步、加速信息传播、提高生活质量、促进全球化交流与合作等方面发挥了至关重要的作用。在未来的日子里，随着 5G、物联网（Internet of Things，IoT）、人工智能（Artificial Intelligence，AI）和量子通信等新技术的不断涌现，通信工程将继续扩展其影响力，并迎来更为广阔的发展前景，继续为人类社会的进步作出重要贡献（图 2-1）。

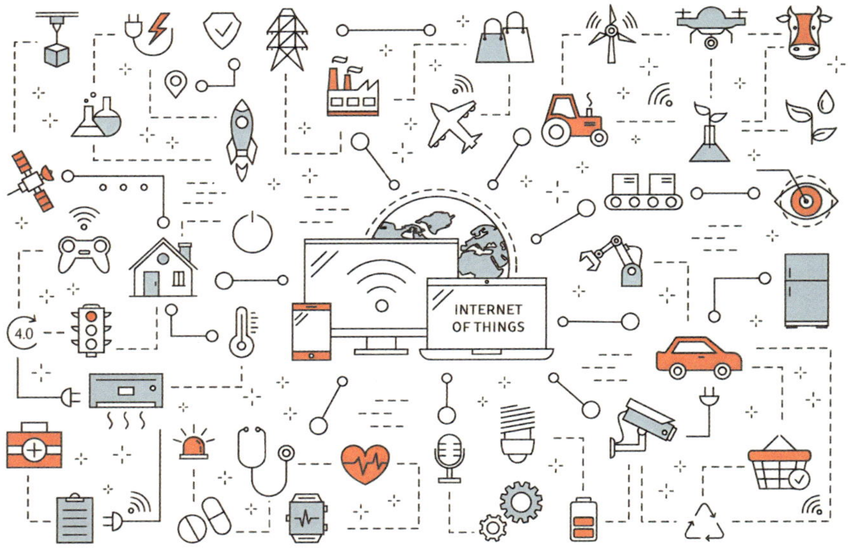

图 2-1 5G 技术与现代通信设备的互联

01 第一单元 通信工程的发展历程

在自然界中，无论是人类还是动物，都存在着对通信的基本需求。这种需求源于生存的本能，是生物为了适应环境、传递信息和维持生态平衡而演化出的重要能力。人类作为高度社会化的生物，通信需求尤为复杂多样。从最初的叫喊、手势，到现代的语言、文字以及电子通信技术，人类的通信方式经历了漫长的发展历程。语言的出现，使得人类能够更加精确地表达思想、分享经验，促进了文化的传承和社会的进步。而随着科技的发展，电话、互联网等电子通信工具的普及，人类的通信跨越了时空限制，实现了全球范围内的即时交流。

在人类文明的早期，通信主要依赖于人力和自然现象。例如，烽火台是中国古代在军事领域的一种重要通信方式，它通过点燃烽火传递信息，报警敌人来犯（图 2-2）。击鼓传信是古代另一种重要的通信方式，通过击鼓传声传递信息，常用于军队之间的联络与指挥。此外，中国人早在秦朝时期就开始大规模建设“驿站”，利用马匹快速传递信件和官方文书。这些早期的通信方式是人类社会中人和人联系与合作的基石。

图 2-2 烽火台

科技的不断进步，尤其是电磁感应、电磁波等物理现象的发现为近现代通信工程的发展奠定了基础。19 世纪末，电报的发明标志着人类通信技术的革命性突破。电报的出现极大地缩短了信息传递的时间和空间距离，显著提高了商业交易、政治沟通和军事指挥等领域的效率。电话的发明使得人与人之间的沟通更加便捷，实现了长距离即时通信。

进入 20 世纪后，通信技术迎来了爆炸式发展，通信工程逐渐渗透到社会生活的各个领域。无线电广播、电视、卫星通信、光纤通信等，极大地扩展了信息传递的范围，加快了信息传递的速度，成为信息快速传播的重要渠道。

20 世纪中后期，互联网的出现和普及，使通信工程的功能从单纯的信息传递扩展到信息的获取、传递和处理等多个领域，极大地推动了全球信息化的进程。移动通信技术的发展，尤其是智能手机的普及，进一步改变了人们的生活方式，使人们可以随时随地访问互联网，享受高速的数据服务。

随着物联网、大数据和云计算等新技术的兴起，通信工程正面临着前所未有的发展机遇。这些新技术的应用不仅提高了通信工程的效率和智能化水平，还为解决复杂的社会问题提供了新的思路和方法。通信工程的创新和进步对于推动社会的可持续发展具有重要意义。

02 第二单元
通信系统的基本概念

通信通常是指人和人之间、人和物之间或者物和物之间，通过某种媒介传递消息。通信传递的消息（也称为信息），可以是声音、文字，也可以是图像、视频或者数据资料。

通信有发送方和接收方，发送方将信息发送给接收方。发送方或者接收方可以是一个人或者一群人，也可以是一个物或多个物，比如计算机、机器人等。

第 1 节
通信系统的基本组成

如图 2-3 所示，一个典型的通信系统主要包括发送信号变换器、信号编码器、信号发送器、信道传送、信号接收器、信号解码器和接收信号变换器。其中发送信号变换器、信号编码器和信号发送器组成信号发送端（方），而信号接收器、信号解码器和接收信号变换器组成信号接收端（方）。通常来讲，如同发送方/接收方是成对出现的一样，通信系统中的发送信号变换器/接收信号变换器、信号编码器/信号解码器、信号发送器/信号接收器也是成对出现的。

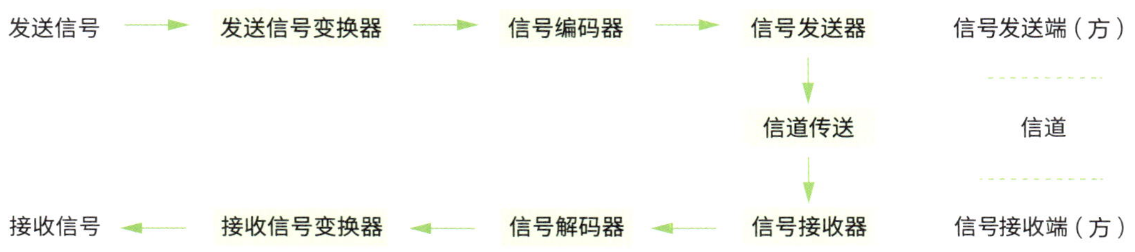

图 2-3 通信系统的基本组成

1. 发送信号变换器 / 接收信号变换器

发送信号变换器将需要发送的信息转换成适合特定类型通信系统的信号形式，如在电子通信中，麦克风将语音波形转换为电压变化。而接收信号变换器则将收到的电信号转变成系统用户需要的形式，例如扬声器、电脑硬盘等。

2. 信号编码器 / 信号解码器

信号编码器将原始数据转换成适合传输的格式，通过编码技术为数据披上“保护罩”，增强其抗干扰能力。而信号解码器则是信息的接收者与还原者，它将接收到的信号解码，重现数据的原貌，确保信息的完整性和准确性。编码分为信源编码和信道编码。信源编码的主要目的是减少或消除冗余信息，实现数据压缩；而信道编码则是通过引入冗余信息来提高信号的抗干扰能力。

3. 信号发送器 / 信号接收器

信号发送器对编码后的信号进行处理，使其变成适合传输信道特性的信号，例如对信息进行调制以将信号耦合到信道上，通常还包括对信号进行放大和滤波等处理。而信号接收器的功能是对来自信道的信号进行解调处理，以提取出有效的信号，同时对信号进行必要的放大和滤波。

4. 信道传送

信道是用于传输信息的一个媒介，它连接发送端和接收端，其主要功能是提供一个从发送端到接收端的路径，在这个路径上信号可以以某种形式进行传输。在这个过程中，信号会衰减和受到不同程度的干扰。在通信系统中，信道可以分为有线信道（如电缆、光纤等）和无线信道（如无线电波传播，包括短波、超短波、微波和卫星通信信道等）。有线信道通过实体介质传输信号，传输损耗较低，可靠性较高；而无线信道通过电磁波在空间中传播信号，易于安装且灵活性高，但容易受到干扰。正是由于信道传送的作用，才使得远距离通信成为可能。

简而言之，通信工程的核心目标是实现信息的有效传输和交换，将语音、图像、视频和文字等信息进行编码和调制，再通过信道传递到接收端，由接收端解调和解码以恢复出发送端的原始信息。

第2节

信号编码——以摩尔斯电码为例

摩尔斯电码（morse code）由美国人塞缪尔·摩尔斯（Samuel Morse）和阿尔弗雷德·韦尔（Alfred Vail）于1837年发明，是一种早期的数字化通信编码形式。每个摩尔斯电码符号由一系列“点”（dits）和“划”（dahs）组成，还约定了“划”的持续时间是“点”持续时间的三倍。通过以不同的顺序排列“点”和“划”，就可以表达不同的英文字母和阿拉伯数字，如图2-4所示。注意，摩尔斯电码不区分英文字母的大写和小写。

摩尔斯电码是一种时通时断的信号代码，编码字符中的每个“点”或“划”后面都跟着一个信号缺失时间段，称为1个空格（短停顿），1个短停顿持续的时间等于1个“点”的持续时间。此外，字符之间和单词之间也需要有停顿，停顿持续的时间也有所区别，字符之间的停顿持续的时间相当于3个“点”的时间（也称中停顿），而单词之间的停顿持续的时间等于7个“点”的时间（也称长停顿）。

总的来说，摩尔斯电码由两种基本信号（“点”和“划”）和不同的间隔时间（短停顿、中停顿、长停顿）组成：

（1）短促的点信号“点”，记为“·”，也读做“滴”（Di），长度为1t。

（2）保持一定时间的长信号“划”，记为“—”，也读做“嗒”（Da），长度为3t。

（3）间隔时间：“点”“划”间停顿1t；字符间停顿3t；单词间停顿7t。

在电话出现之前，电报是一种最早用电的方式来传送信息的通信方式。发出与接收电报的流程如下：首先采用摩尔斯电码对要传送的文字信息进行编码，表示成“点”和“划”；然后通过专用的电报发送机将摩尔斯电码的“点”和“划”以电信号的方式发送出去；最后接收端将收到的“点”和“划”信息翻译为文字，恢复为发送的信息。后来，随着电话、传真等通信方式的普及应用，人们已经不再使用电报进行通信了。然而，电报在其150年左右的历史中，曾经是人们最主要的通信手段，为人类社会的发展作出了重要贡献。

摩尔斯电码另一个重要用途是发送求救信号。SOS是国际通用求救信号，这三个字母并非任何英文单词的缩写，只是因为它的摩尔斯电码···–––···（三点，三划，三点）简短、准确、连续而有节奏，在电报中最易发送也最容易辨识。

A	·–	S	···
B	–···	T	–
C	–·–·	U	··–
D	–··	V	···–
E	·	W	·––
F	··–·	X	–··–
G	––·	Y	–·––
H	····	Z	––··
I	··	1	·––––
J	·–––	2	··–––
K	–·–	3	···–––
L	·–··	4	····–
M	––	5	·····
N	–·	6	–····
O	–––	7	––···
P	·––·	8	–––··
Q	––·–	9	––––·
R	·–·	0	–––––

图2-4 摩尔斯电码

实践探究

扫描二维码，可以下载一个摩尔斯电码转换软件。输入任意英文单词或者句子，软件将呈现其相应的摩尔斯电码，并以声音或闪烁的形式展示。对照图 2–5 所示摩尔斯电码，验证输入的英文句子与摩尔斯电码的对应关系。

扫一扫

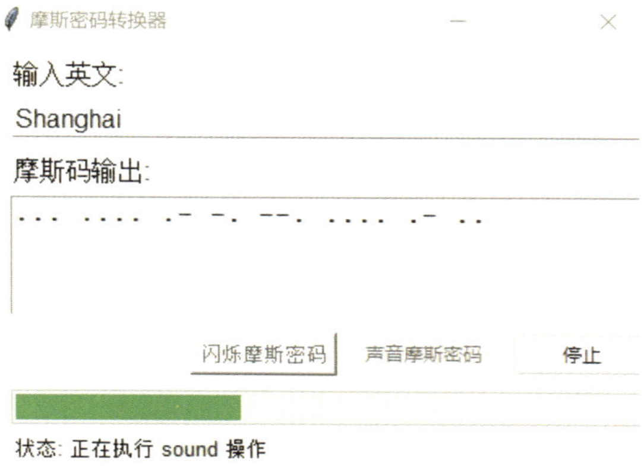

图 2–5 摩尔斯电码转换软件

思考与讨论

摩尔斯电码中，用于表示每个英文字符的电码的持续时间长短不一，而字母 e 的电码最短，只有一个“点”。

这是出于什么考虑呢？

第 3 节

信号传送——以摩尔斯电码为例

摩尔斯电码的编码简单清晰，而且可以被记忆，并以人类感官可感知的形式发送，例如声波或者可见光。具体来说，由一段文字的摩尔斯电码形成相应的可见光、声波或者电波，光或者波在“点”或“划”持续的时间段内存在，而在“点”和“划”之间的空格时间段内不存在。受过专门培训的人看见这光，或者听见这声音，就可以直接懂得它表达的意思。也就是说，我们可以将声、光、电流或者电波等作为媒介，将要传达的信息传送出去。

声音：摩尔斯电码可以直观地用声音的长短来表示，即短音表示“点”，长音表示“划”。因为声音的“滴”和“嗒”的发音有明显的长度区分，所以摩尔斯电码中的“点”和“划”有时也读作“滴”和“嗒”。

灯光：摩尔斯电码也可以用光进行传送，比如灯光短亮表示“点”，灯光长亮表示“划”。

电流和电波：摩尔斯电码与电报有着密切而直接的关系，摩尔斯电码是电报通信系统的核心组成部分。电报信息最初是通过专用的电报线以电信号的形式发送出去，电报线是一种通过导线传输电信号的物理介质。在电报系统中，摩尔斯电码通过不同的电流强度和持续时间来表示不同的字符。例如，字母“A”的摩尔斯电码为“点 划”，在电报系统中表现为一个短暂的电流脉冲（“点”），接着一个短暂的停顿，再一个稍长的电流脉冲（“划”）。这种信号通过电报机发送，接收方可以通过听觉或视觉（如电报机上的灯）来解读这些信号。

随着无线电技术的发展，摩尔斯电码的传输方式从电报线扩展到了无线领域。在无线电通信中，摩尔斯电码通过调制电流信号来实现电波的传输。调制的方式通常有如下几种：

调幅（AM）：通过改变电流的幅度来表示摩尔斯电码中的“点”和“划”。“点”信号时电流幅度较小，“划”信号时电流幅度较大。

调频（FM）：通过改变电流频率来表示“点”和“划”。“点”信号时频率变化较小，“划”信号时频率变化较大。

从有线电话发展到移动电话（手机），人们能够挣脱电话线的束缚，随时随地用手机打电话、上网聊天和看视频，这主要得益于电磁波技术的发展和应用。无线通信利用电磁波在空间的传播来传输电信号，在发送设备和接收设备中分别安装了发送天线和接收天线来发射和接收无线电信号。电磁波看不见摸不着，但它是一种客观存在的物理现象，能够将发送端的信号发射（运载）到接收端。电磁波传输具有许多特性，使其在通信过程中展现出显著的优势，比如：电磁波可以由发射天线沿直线到达接收点，这种无线电波称为直射波；电磁波可以通过地面或其他障碍物反射到达接收点，这种无线电波称为反射波；电磁波可以绕过障碍物而传播，这种无线电波被称为绕射波。

实践探究1

用手电筒的开和关代表摩尔斯电码，比如：灯光短亮表示“点”，灯光长亮表示“划”。一个同学操作手电筒开关发送信息，另一个同学以“点”“划”记录看到的光信号，试试能否理解接收到的信息。需要注意的是，在发送摩尔斯电码时，需要保持前后一致的节奏和速度，否则会导致发送的信息不准确，影响接收和理解。

实践探究2

电磁波信号存在屏蔽现象。利用如下器材：两部手机、一个塑料盒子、一个金属盒子、一个金属网罩。将其中一部手机放在塑料盒子、金属盒子、金属网罩里，用另一部手机拨打盒子或者网罩里面的手机，观察哪些情况下可以打通、哪些情况下不能打通。

第 4 节
信息处理——以信息压缩为例

在现代通信网络中，在信道资源有限的条件下，实现对信息的高效快速传输一直是人们的追求。为此，在通信系统中，除了图 2-3 所示的传统的常规组成部分外，通常还需要对传输的数据进行存储、压缩等信息处理，其主要是为了实现数据的有效传输和应用，提高通信网络的性能和效率。其中，数据压缩是典型的信息处理操作。数据经过压缩后，可以节约存储空间、节省传输时间。

通信系统中传输的数据，之所以能够被压缩，是因为其中存在信息冗余。例如，图像是由大量像素点组成的，如果一幅图像中有大面积的建筑墙面、水面或天空，其相应的像素点的值可能是相同的，那么逐点存储这些像素点的值将会浪费大量存储空间，也会增加信息传送的时间。同样地，在电视和动画的连续帧之间，只有移动物体的部分会发生变化，大部分背景区域并没有发生变化，前后两帧的像素值并没有变化。信息冗余为数据压缩提供了可能性。

数据压缩可以分为两大类：无损压缩与有损压缩。无损压缩意味着经过压缩后再解压得到的数据与原始数据完全一致，它适用于那些需要确保恢复后的数据与原始数据不发生任何变化的场景，比如磁盘文件的压缩就是一个典型例子。通过无损压缩技术，通常可以将普通文件的大小缩减至原来的 1/2 ~ 1/4。

相比之下，有损压缩允许在解压缩过程中产生的数据与原始数据存在差异，但这种变化不足以影响人们对信息的理解。例如，对图像、视频或音频等数据，通常采用有损压缩的方式，这是因为人眼和耳朵能够感知的信息量有限，适当去除一些细节并不会显著降低人们对内容的理解。利用有损压缩技术，一般可以使照片文件大小缩减至原来的 1/10 ~ 1/30。与无损压缩相比，有损压缩通常可以获得更大的压缩比。

实践探究

在电脑中，用画图工具绘制一幅图，如图 2-6 所示，图的内容可以根据个人喜好绘制。首先以 BMP 或者其他非压缩的格式保存图像到文件，再以 JPEG 或者其他压缩的格式保存图像到文件，为便于比较，两次取不同的文件名。试比较两个文件的大小，粗略计算两个文件大小的比例（压缩比）。同时我们还可以注意到，这个例子中未压缩图像和压缩图像在视觉感受上没有明显的差别。

（a）未压缩图　　（b）压缩图

图 2-6 未压缩图与压缩图

03 第三单元 实践与探究

本单元要求通过实践操作，让同学们进一步了解通信系统的关键技术，并理解其技术原理。本单元给出一些思考题，供同学们拓展思路，并思考通信工程相关的技术原理。

第1节 信号编码

实践探究1

打开摩尔斯电码转换软件，输入一句中文，软件将呈现其相应的摩尔斯电码，并以声音或者闪烁的形式展示。我们已经知道，摩尔斯电码是针对英文字符进行编码的。但是中文汉字数量比英文字符多得多，怎样用摩尔斯电码表示中文汉字呢？查阅相关资料，回答此问题。

实践探究2

在通信的过程中，接收方要能理解发送方的信息，就必须预先知道发送方采用的编码方式，以实现对接收到的信号的解码。如果发送方和接收方采用的编码方案众所皆知，比如摩尔斯电码，那么任何第三方接收到信号后，也能理解相应信息。在这种情况下，任何第三方可以监测并能理解发送方和接收方之间的通信信息，也称为明码通信。

如果发送方和接收方采用的是某种其他人不知道的编码方案，那么第三方即使接收到信号，也无法理解信号代表的含义，这就是保密通信的一种方式。这如同人们在平时的语言交流中，说话人和听话人使用的语言双方都能够理解，双方才能沟通交流，听话人才能听懂说话人所说的话。而其他人如果不懂得说话人所使用的语言（比如某种外语或方言），即使听到他们的对话，也无法理解他们在说什么。你能举一些保密通信的例子吗？

第2节 信号传送

实践探究1

摩尔斯电码，除了可以用声音和光等形式直接传输外，还可以用敲击的方式传送。比如，用手指和手掌敲击桌面，发出不同的声音，手指敲击表示“点”，手掌敲击表示“划”，从而达到传送信息的目的。可以试试用敲击的方式发送信号，一个同学以手指和手掌敲击桌面的方式发送信息，另一个同学以“点”“划”记录听到的声音，试试能否理解听到的声音。

实践探究2

同学们已经了解并尝试过用声音和光等不同的方式传递摩尔斯电码。请一位同学在讲台先用手电筒的开和关代表摩尔斯电码，再用敲击的方式传送同样的摩尔斯电码信息，其他同学以“点”“划”记录。如果记录的信息与发送的信息不相同，称为“误码”；错误的“点”“划”记录所占的比例则称为“误码率”。观察并统计同学们记录信息的误码率，并比较手电筒信号和敲击信号的误码率是否有不同。同学们觉得导致“误码”的因素有哪些？

实践探究3

在现代无线通信中，为了组建移动通信网（图 2-7），人们提出了蜂窝网络的概念，其基本思路是将地面划分成许多无缝相接的蜂窝状小区 (Cell)，在每个小区中心设立一个固定的无线电台，称为基站 (Base Station，BS)，小区内的移动台（比如手机）可以直接和基站联系。当手机移动到相邻小区时，即转向和邻区的基站建立联系。每个基站和当地的移动交换中心通过无线链路联系，移动交换中心再通过有线线路和当地的（固定）电话交换中心联系。观察你周围的移动基站，并在地图上记录，看看这些移动基站怎样组成移动通信网。

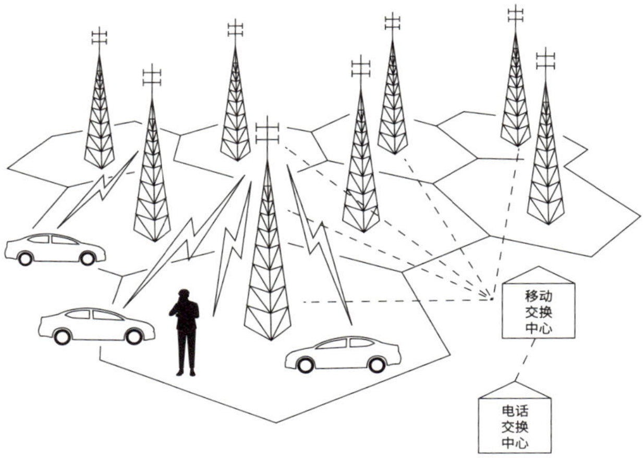

分属于不同蜂窝小区的两台手机之间是怎么进行通信的？需要经过至少几个基站？尝试将两台手机之间的信息传送路线画出来。

图 2-7 移动通信网

思考与讨论

1. 手机是以电磁波的形式和基站进行信息交换，从而连接到通信网络中的。观察并说出日常生活中除手机以外至少 3 个用电磁波进行通信的例子。

2. 我们周围有很多移动基站，构成了移动通信网络。移动基站除了提供通信功能以外，还有定位作用，也就是说，基站通过探测到你的手机信号来推断你所处的方位。思考一下，你能说出利用移动基站进行定位的基本原理吗？

第 3 节
信息处理

实践探究 1

图 2-8 所示 2 个不同内容的图像，图像大小尺寸相同，扫描二维码可以获得原始未压缩图像。利用电脑中的画图软件（或其他软件），逐一打开这些原始未压缩图像，然后将图像另存为 JPG 格式，使用软件进行图像压缩时选择不同的压缩质量，获得的压缩图像文件大小也随之发生变化。

仔细对比图 2-8 中 2 幅图的原始图像和压缩后的图像，观察有什么变化？你感觉哪幅图的变化最明显？哪幅图的变化不明显呢？由此思考：哪种类型的图像在通信传输时适合大压缩比？

扫一扫

图 2-8 不同内容的图像

实践探究2

视频可以理解为是由连续的图像组成的，其信息量大，对压缩编码要求高。有一种感兴趣区域（Region of Interest,ROI）压缩编码方法,其通过算法实时检测视频中的前景(比如视频会议中的人物）作为感兴趣区域，在传输能力不变的情况下，对感兴趣区域的码率进行动态调整，提高其码率以提升主观质量，从而相应降低非感兴趣区域的码率。这种基于内容的视频压缩方法能够在保持主观质量的同时，降低整体码率，提高压缩效率。有些即时视频会议系统就采用了ROI编码方法，尝试使用一个视频会议软件，用一张图作为会议背景，在视频会议过程中，将只传送人像区域的视频。

思考与讨论

在压缩视频信号时，既要考虑单幅（也叫帧）图像的信息压缩，也要考虑连续帧之间的信息压缩。想一想，可以采用哪些方法压缩帧之间的信息？

第 4 节
发送器 / 接收器

实践探究 1

电话的发明基于电声转换原理将声音信号转换为电信号，并通过电线传输。电话机包括一个发送语音的话筒和一个收听声音的耳机，话筒把声音转换成相应的电信号，此电信号经过电话线传输到远方的接收端电话机，接收端电话机的耳机将此信号还原为原来的声音。通过参观无线电博物馆、电信博物馆或网上查阅资料等形式，列举 3 个以上不同形式的电话机，并说出其技术差别。

实践探究 2

在现代通信系统中，根据信息传输的方向和方式，可以将通信模式分为单工和双工两种基本类型。它们各自具有独特的原理和应用，适用于不同的通信场景。

单工通信是指信息只能沿着一个固定的方向进行传输，即从发送方到接收方。在这种模式下，发送方仅负责发送信息，而接收方只负责接收信息，二者的角色是固定不变的。

双工通信则允许信息在两个方向上同时或交替传输，使得通信双方可以实时互动。根据信息传输的同步性，双工通信又可以分为全双工通信和半双工通信两种方式。全双工通信允许通信双方同时发送和接收信息，半双工通信虽然允许双方发送和接收信息，但在同一时刻信息只能进行单一方向的传输。

实践探究3

说说下列通信系统中，哪些属于单工模式，哪些属于全双工模式，哪些属于半双工模式。在图 2-9 中连连看。

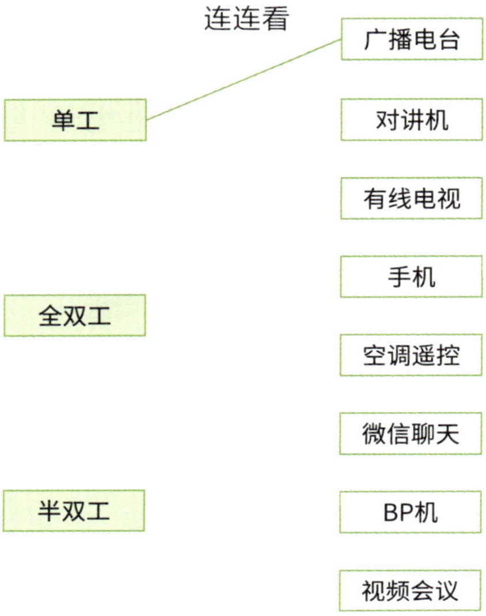

图 2-9 单工、全双工、半双工连连看

思考与讨论

美国 GPS 和中国北斗是目前使用最广泛的定位系统，查阅美国 GPS 和中国北斗的相关资料，并从通信系统的角度分析 GPS 和北斗是单工还是双工模式。

第5节

通信信息安全

实践探究1

在信号编码部分，同学们已经了解并思考过保密通信的例子。罗马共和国时期，恺撒曾用字母替换法对重要的军事信息加密，进行保密通信：用密语写信时，用B替换A，用C替换B，其余的字母也以此类推，根据字母表向后偏移1位，最后一位字母Z用A替换；收信时，将信中每个字母都还原成其在字母表中的前1个字母即可读懂和理解信的内容。请尝试用这种“字母向后偏移1位”的替换方式给你的同学写一封“密信”。

实践探究2

实践探究1中，“字母向后偏移1位”的替换方式是很简易的保密通信方法，发信时将字母向后偏移1位就完成了“加密”，收信时将每个字母都还原成其前1个字母即完成了“解密”。这种保密通信方式的优点是简单易行，缺点是很容易被猜到从而被破译。如果修改为“字母向后偏移k位”而k值由通信双方临时协商呢？人们将加密前的信息称为“明文”，加密后的信息称为“密文”，加密和解密用到的k值称为“密钥”。请尝试用不同的密钥k值将同样的明文消息加密得到不同的密文，邀请同学来玩一玩破译游戏：根据密文来猜测密钥k的值和对应的明文。你能发现k值的大小和密文被破译的速度有怎样的关系吗？

思考与讨论

1. 你还能想到哪些保密通信方式能够向你的队友传递消息，同时尽量不被第三方破译？

2. 如果不仅希望通信内容不被破译，还希望通信的行为不被发现，这种通信方式称为隐蔽通信。你能想到哪些隐蔽通信方式？

04 第四单元 迈向未来的通信工程

通信技术已经并将继续深刻改变我们的生活方式、工作方式以及整个社会的运作模式。通信工程作为现代科技的基石，其发展历程与人类社会的演进紧密相连。从古代的烽火传信到现代的互联网，每一次技术的革新都为人类社会带来了翻天覆地的变化。如今，随着物联网、人工智能、大数据和云计算等技术的深度融合，通信工程正站在一个全新的起点上，向着万物互联的未来迈进。

物联网技术的广泛应用将成为通信工程发展的重要方向之一。物联网将物理世界与数字世界无缝连接，通过互联网将各种信息传感设备与网络连接起来，实现智能化识别、定位、跟踪、监控和管理，构成一个巨大的网络，使得万物皆可互联，信息流动无处不在。预计在不久的将来，从家用电器到城市基础设施，再到工业设备、医疗设备和交通设备等，几乎所有的“物”都将能通过高速的网络实现互联互通。这不仅能够提高生产效率和生活质量，还能在很大程度上促进能源的有效利用和环境保护。

5G 及未来的 6G 通信技术将构建更加强大的通信网络基础。5G 技术已经开始在全球范围内部署，其高速度、低延迟和大容量的特点使得视频通话、虚拟现实等应用体验更加流畅，同时也为自动驾驶、远程医疗等新兴技术提供了可靠的网络支持，为人工智能、边缘计算等前沿科技的发展提供强有力的支撑。展望未来，空天地一体化的 6G 通信技术将进一步提升网络性能，数据传输速率更高，覆盖范围更广泛，比如，通过在地球低轨道部署大量的小型卫星，形成一个全球性的卫星网络，将可以在偏远地区、海洋以及飞机上提供高速的互联网服务，使全球信息化更加普及。

AI 与通信工程的融合将使得通信网络更加强大。AI 技术能够增强通信系统的智能感知、决策和优化能力，使得未来的通信网络更加高效、灵活和个性化，更加智能化和自动化。例如，通过机器学习算法分析用户数据，网络能够自动优化资源配置，提高服务质量；同时，智能网络管理和维护系统的建立，将大大降低网络故障率和维护成本，提高网络的稳定性和可靠性。

通信网络中的数据安全与隐私保护是不可忽视的关键问题。在万物互联的时代，随着数据量的爆炸性增长，如何确保数据的安全传输和存储，以及如何在数据利用与个人隐私保护之间找到平衡，是通信工程面临的重要挑战。未来，加密技术、区块链等安全技术将发挥关键作用，为数据安全提供坚实的保障。

总体来说，迈向万物互联的通信工程，让未来充满无限可能。从物联网到 5G/6G 通信技术，再到卫星互联和量子通信，以及智能网络管理，这些创新技术将共同构建一个更加高效、安全和智能的全球通信网络，不断推动人类社会向更高的信息化水平迈进。

拓展练习

1 物联网已经走入人们的日常生活，说说你身边的物联网的例子。

2 未来的6G网络与现在的5G网络有些什么不一样？查阅资料，写一篇关于6G网络的调研报告。

ENGINEERING LITERACY

工程素养 · **拓展篇**

3

第三章
和谐共生的环境工程

环境工程（Environmental Engineering），即通过健全的工程理论与实践手段来解决环境卫生问题，以及涉及公共卫生领域的工程问题，是实现人与自然和谐共生和可持续发展的重要科学技术手段。环境工程的主要内容涵盖提供安全、可靠和充足的公共给水，适当处置和循环利用废水与固体废物，建立符合卫生要求的城市和农村排水系统，控制水污染、土壤污染和空气污染，控制通过节肢动物传染的疾病，消除工业健康危害，为城市、农村提供合适的卫生设施，以及评价技术进步对环境的影响等多个方面。环境工程作为一门综合性的应用学科，旨在通过科学的方法和技术手段解决环境污染问题，保护和改善环境质量。

01 第一单元 环境工程概况

第1节 环境工程学科的产生

你知道环境工程学科是怎么产生的吗？

1854年，在英国伦敦苏活（Soho）区宽街，发生了史上罕见的霍乱疫情，短短不到10天，就有500余人死亡。在细菌学说还未建立的情况下，伦敦的一名医生约翰·斯诺（John Snow）通过绘制“霍乱死亡地图”找出了元凶，即患者粪便对水井的污染导致了疫情扩散。经过该事件，人们充分认识到环境污染的危害性，并开始积极推行饮用水的过滤和消毒，以有效降低霍乱、伤寒等水媒病的发生。自此之后，（公共）卫生工程便逐渐从土木工程中分离出来，正式成为一门全新的独立学科——环境工程的雏形。

第2节 环境工程学科的发展

在了解环境工程学科的起源后，你会不会有这样的疑问：它具体包括哪些内容？又是如何发展起来的呢？

1. 水污染治理与给排水工程

早在4000年前，我国先民就已将陶质排水管道布置于地下，妥善解决了交通和排水间的矛盾；古罗马也在公元前6世纪左右开始修建地下排水道。《天工开物》(明代宋应星著，初刊于1637年)记载的明矾净水技术，是环境工程发展历程中的重大突破。砂滤法净水可追溯至19世纪初的英国，在接下来的一个世纪中，英国不仅建立了污水处理厂（19世纪中叶），还先后将漂白粉（19世纪末）、活性污泥（20世纪初）应用于污水的处理。此后，给水排水工程等不断发展完善，成为环境工程的核心内容之一。

2. 大气污染控制

随着人类社会步入工业文明时代，大气污染问题越来越严重。为降低工业粉尘对周围大气环境所产生的影响，美国人约翰·芬奇（John Finch）于1885年发明了离心（旋风）除尘器，并很快得到大规模应用。随着人们对大气污染问题认识的不断深入，更多的工程技术开始不断涌现并得到应用。空气调节技术的发展，使得人们能够更好地控制室内空气质量，拥有更为舒适的生活和工作环境。同时，工业气体净化技术的进步，有效减少了有害气体对环境和人体的危害。

3. 固体废弃物处理

历史上最为悠久的固体废弃物处理方法是填埋。在公元前3000—前1000年的古希腊文明时期，克里特岛的首府便开始把城市垃圾填入低凹的大坑中，并进行分层覆土。进入20世纪后，随着生产和消费过程的加速，产生了一系列新的理念和技术。3R原则，即减量化（Reducing）、再利用(Reusing)和再循环(Recycling)成了固体废弃物处理的重要指导理念，旨在通过降低废物的危害、减少废物的产生以及实现废物的再利用和资源化，来达到保护环境和节约资源的目的。在工程技术方面，垃圾焚烧技术得到了广泛应用，该技术通过将垃圾在高温下燃烧，实现废物的减量化和能源化利用。同时，垃圾分类与资源化利用技术也逐渐成熟，通过对垃圾进行分类收集和处理，可以更有效地实现废物的再利用和资源化。

近年来，环境工程学科不断融合数学、物理学、化学、生物学、医学和地学等学科理论，充分应用信息技术、新材料和新能源等新兴科技，对推进碳中和，应对气候变化，实现可持续发展，发挥了日益重要的作用。

02 第二单元 环境工程的实际案例——以水处理为例

第1节 杭州千岛湖配供水工程与闲林水厂

1. 总体概况

饮用水作为日常生活中不可或缺的资源，其安全与纯净程度直接关系人们的健康状况与生活质量。而环境工程，作为一门致力于解决环境卫生和公共健康问题的综合性学科，是确保饮用水安全的重要力量。随着经济的快速发展和人口的不断增长，杭州市人民对优质饮用水的需求日益迫切。杭州原有的饮用水源主要依赖钱塘江，而钱塘江水源地处流域下游，面临上游污染和咸潮侵袭的双重挑战。因此，千岛湖以其清澈的水质和丰富的水量，成为杭州理想的第二水源。

在此背景下，杭州千岛湖配供水工程项目应运而生。该项目由配水工程和供水工程两大部分组成，目标是将千岛湖的优质水源引入杭州，为市民提供更加安全、可靠的饮用水。该配水工程主要是从千岛湖取水，并通过一条长达 113 公里的输水隧洞，将水源水输送至杭州西部的闲林水库。供水工程则以闲林水库为起点，通过一系列输水线路和配套设施，将处理后的清洁水送入杭州的千家万户。

闲林水厂作为供水工程的核心部分，扮演着至关重要的角色。它将从千岛湖取来的原水处理成符合饮用水标准的清洁水，水厂全部投运后的供水量将接近杭州市城区供水量的四分之一。闲林水厂的水处理过程不仅关乎千家万户的饮水安全，也是城市基础设施建设中不可或缺的一环。其所用到的处理工艺和技术也处处体现着环境工程的先进理念，接下来，让我们一起来探索其中的奥秘吧！

2. 工艺流程与操作

如图 3-1 所示，闲林水厂的生产工艺流程可分为取水、预处理、深度处理、消毒和输配水等环节。每个环节都有其独特的重点，只有顺利完成这些环节，才能把干净的自来水送至千家万户。

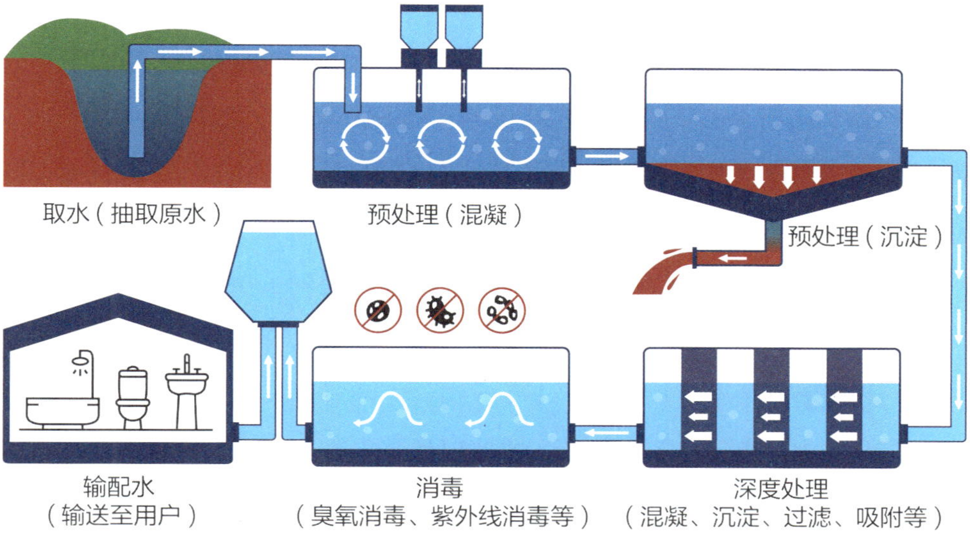

图 3-1 闲林水厂生产工艺流程图

（1）取水

通过泵站将原水从水源地抽取至水厂。这一环节要求水源地水质稳定且符合初步的水质标准。千岛湖配水工程的起点位于淳安县千岛湖镇金竹牌村，通过取水闸在开阔湖面下取得优质原水。进水口取水闸分为上、中、下三层，根据水质监测结果选择最佳取水层，确保取得最优质的水。

（2）预处理

原水进入水厂后，首先进行预处理，以去除水中的大颗粒悬浮物、泥沙等杂质。常见的预处理工艺包括格栅除污、沉淀池沉淀等。格栅除污通过物理阻挡的方式去除水中的大颗粒物；沉淀池利用重力作用使水中的悬浮物自然沉降到底部，从而达到初步净化水体的目的。在闲林水厂，原水经过格栅过滤后，进入稳压池，这一步骤有助于稳定原水压力，保证水处理系统稳定运行，同时可以使水中悬浮物初步沉淀，提升预处理效率。

（3）深度处理

经过预处理后的水进入深度处理环节，该环节是提高水质的关键环节。深度处理工艺多种多样，包括但不限于混凝、沉淀、过滤、吸附等。混凝过程中投加混凝剂使水中的微小悬浮物和胶体颗粒相互凝聚成较大的颗粒团，便于后续沉淀；过滤过程则利用滤料层的截留作用进一步去除水中的悬浮物；吸附过程则利用活性炭等吸附剂的强大吸附能力去除水中的有机物、余氯等污染物。闲林水厂经过稳压池的原水进入混凝沉淀阶段，在投加的混凝剂的作用下，其中的悬浮物、胶体等物质聚集成较大的颗粒，进而在沉淀池中沉降下来。混凝沉淀后的水进入砂滤池进行过滤，进一步去除水中的悬浮物、有机物等杂质，提高水质。同时，水厂预留了深度处理空间，未来可根据需要增加更高级别的处理工艺。

（4）消毒

为了杀灭水中的病原微生物，保障饮水安全，自来水在出厂前必须进行消毒处理。常用的消毒方法有氯消毒、臭氧消毒、紫外线消毒等。氯消毒因其成本低廉、效果显著而被广泛应用；臭氧消毒则因其强氧化性和无残留的特点而受到青睐；紫外线消毒则因其操作简便、不产生副产物而逐渐被推广。闲林水厂配备了深度加氯消毒系统，能够有效杀灭水中的细菌、病毒等。闲林水厂这些先进技术的应用，有效地去除了水中的有机物、微生物等有害物质，同时保留了水中有益的矿物质和微量元素，确保了出水水质满足饮用水水质要求。

（5）输配水

经过消毒处理后的水通过输水管网输送到千家万户。为了保证水质的稳定性和供水的连续性，需要定期对输水管网进行维护和清洗。闲林水厂充分利用地理优势，采用重力自流的方式输送出水，大大降低了能源消耗。同时，水厂内建有调压井等设施，进一步优化了水流动力条件，提高了制水效率。

3. 主要设备

闲林水厂的主要设备包括取水设备（如取水泵站）、预处理设备（如格栅、稳压池）、深度处理设备（如混凝搅拌器、过滤器、吸附塔）、消毒设备（如加氯机等）以及输配水设备（如输水管网、泵站）等。这些设备协同作业，确保了自来水厂的高效运行和水质的稳步提升。

4. 出水水质

自来水厂出水水质是评价其处理效果的重要指标。根据我国《生活饮用水卫生标准》（GB 5749—2022），自来水必须满足一系列严格的水质指标，包括但不限于感官性状和一般化学指标（如色度、浑浊度、pH 值、总硬度等）、毒理学指标（如铅、镉、汞等重金属及有机污染物含量）、微生物指标（如菌落总数、总大肠菌群等）以及放射性指标等。闲林水厂严格遵循《生活饮用水卫生标准》（GB 5749—2022）的要求，确保自来水满足一系列严格的水质指标。通过定期检测出水水质，水厂确保各项指标均符合国家标准，从而保障居民饮水安全。

思考与讨论

1. 出水水质重要吗？为什么它被视为评价自来水厂处理效果的重要指标？

2. 我们怎样了解自来水厂出水水质情况呢？有哪些途径或方法可以获得相关信息？

5. 综合提升

在实际运行过程中，自来水厂还会着重关注以下几个方面，以确保水质的持续优化和供水服务的可靠性。

（1）水质监测与管理体系

自来水厂会建立完善的水质监测体系，包括在线监测和定期人工检测，对原水、过程水和出厂水进行全面监控。同时，实施严格的水质管理制度，确保从水源到用户终端的每一滴水都符合饮用水标准。通过数据分析和趋势预测，及时发现并处理潜在的水质问题。

（2）应急处理能力

自来水厂须具备较强的应急处理能力，从而能够在面对突发的水源污染、设备故障或极端天气等情况时快速响应。这包括备用水源的调配、应急处理技术的运用（如活性炭粉末投加、应急消毒等）以及紧急抢修机制的建立，以确保将对居民日常用水的影响降至最低。

（3）节能降耗与绿色发展

在现代自来水厂的设计与管理中，节能降耗和绿色发展理念日益受到重视。通过优化工艺流程、采用高效节能设备、回收利用处理过程中的副产物（如污泥），以及实施雨水收集和中水回用等措施，自来水厂在实现高效供水的同时，也能够减少对环境的影响，推动水行业的可持续发展。

第 2 节
上海白龙港污水处理厂

1. 总体概况

在了解了自来水厂如何将自然水源转化为清洁的饮用水后，我们同样需要关注这些水在使用过后的去向与处理方式。居民生活、工业生产及商业活动等都会产生大量的污水，其成分复杂多样，含有有机物、无机物、微生物及病原微生物等。若将未经处理的污水直接排放到环境中，会对水体、土壤和空气造成严重污染，威胁人类健康。因此，对污水进行有效处理同样是保护环境、促进可持续发展的重要一环。

说到污水处理，不得不提及目前亚洲规模最大的污水处理厂——上海白龙港污水处理厂。其总占地面积 254.37 公顷，服务面积 1250 平方千米，服务人口近 1000 万人。这座污水处理厂不仅在处理规模上占据领先地位，其先进的技术水平也让它成为行业内的佼佼者。该污水处理厂的水处理工艺涵盖了物理、化学和生物等多种方法，通过多级处理单元的组合，实现了对污水的高效净化和资源回收。

2. 工艺流程与操作

白龙港污水处理厂的工艺流程（图 3-2）是城市污水处理的典型代表，主要包括一级处理、二级处理和深度处理（或称三级处理）三个阶段。一级处理主要通过物理方法去除污水中的大颗粒悬浮物和漂浮物，如格栅除污、沉砂池沉淀等；二级处理则采用生物方法去除污水中的有机物和氮、磷等营养物质，主要通过活性污泥法、生物膜法等实现；深度处理则是在二级处理基础上进一步去除污水中的难降解有机物、病原微生物及微量有毒物质等，以达到更高的排放标准或回用要求。

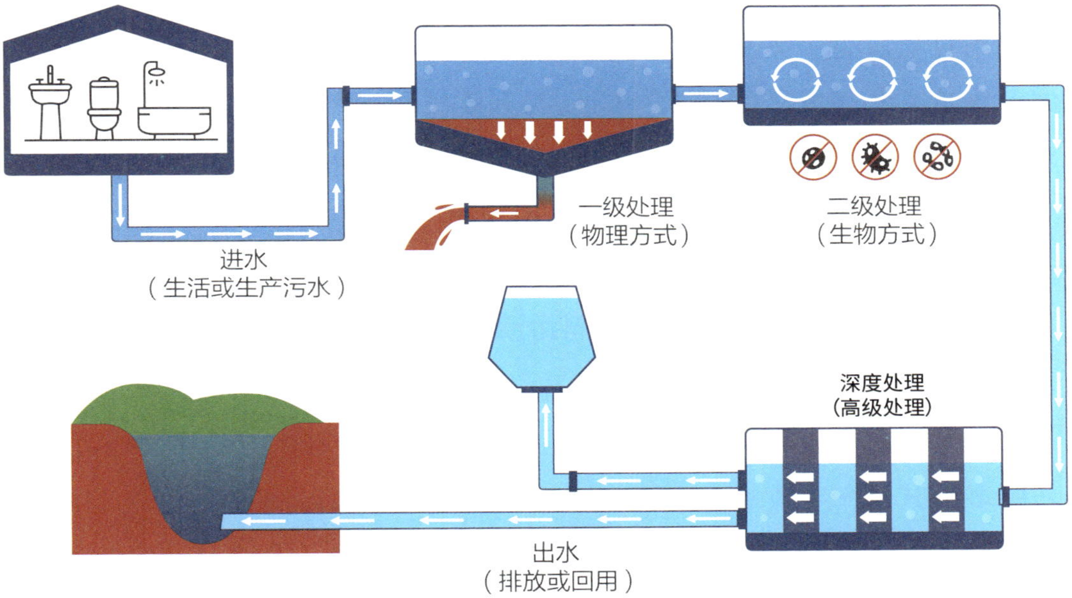

图 3-2 上海白龙港污水处理厂工艺流程示意图

在一级处理中，作为污水处理的第一道屏障，格栅通过物理拦截的方式去除污水中较大的悬浮物和漂浮物，如塑料袋、木片等，防止这些杂物进入后续处理单元造成设备堵塞或损坏。格栅分为粗格栅和细格栅，根据杂物大小逐级拦截。经过格栅后的污水进入沉砂池，通过重力沉降作用，去除污水中比重较大的无机颗粒，如砂粒、石砾等，减少后续处理设备的磨损，提高处理效率。

活性污泥法是白龙港污水处理厂二级处理的核心工艺，通过向污水中投加活性污泥（富含微生物的絮状体），利用微生物的代谢作用降解污水中的有机污染物。具体采用的是厌氧/缺氧/好氧（AAO）工艺。厌氧、缺氧、好氧三种不同的环境条件和不同种类微生物菌群的有机配合，能同时具备去除有机物、脱氮除磷的功能。微生物将污水中的有机物作为营养源进行吸收、氧化、分解，最终转化为二氧化碳和水等稳定物质。我们可以把活性污泥想象成是一个由许多“吃货”微生物组成的团队，它们不停地“吃掉”污水中的有机物。

针对二级处理难以去除的难降解有机物、病原微生物及微量有毒物质，则采用臭氧氧化、紫外线消毒等高级氧化技术进行深度处理。以紫外线为例，该技术利用紫外线光子的能量，直接作用于污水中的有机物分子，能有效破坏有机物的化学结构，使原本复杂的有机物分子链断裂，转化为更易于生物降解的小分子物质，甚至在某些条件下直接矿化为无害的二氧化碳和水，从而显著降低出水中的有机物含量。紫外线就像是一种强力的清洁剂，能够彻底清洁污水中的顽固污渍。

3. 主要设备

白龙港污水处理厂配备了包括格栅、旋流沉砂池在内的物理处理设备，采用多模式厌氧/缺氧/好氧（AAO）活性污泥法、高效沉淀等生物和深度处理工艺，同时拥有污泥浓缩、稳定化、脱水及干化焚烧等全套污泥处理设备，还配备了多种除臭设备以应对臭气问题。

4. 出水水质

城市污水处理厂出水水质是评价其处理效果的重要指标。根据我国《城镇污水处理厂污染物排放标准》（GB 18918—2002），出水水质指标主要包括化学需氧量（COD）、生物需氧量（BOD）、悬浮物（SS）、氨氮（NH_3-N）、总磷（TP）以及大肠菌群数等。上海白龙港污水处理厂的出水水质严格执行《城镇污水处理厂污染物排放标准》（GB 18918—2002）一级标准的A标准，确保处理后的污水达到更高的水质标准，最大限度减少对环境的二次污染。通过不断优化处理工艺和加强运营管理，污水处理厂可以确保出水水质稳定达标，减少对环境的污染。

思考与讨论

1.《城镇污水处理厂污染物排放标准》（GB 18918—2002）一级标准的A标准对出水水质指标的具体数值要求是多少？请查阅相关资料进行总结。

2. 前面学习过的《生活饮用水卫生标准》（GB 5749—2022）与这里提到的《城镇污水处理厂污染物排放标准》（GB 18918—2002）的检测指标有哪些不同？请查阅相关资料，列举并解释这些差异。

5. 综合提升

除了上述的工艺流程、主要设备和出水水质要求，城市污水处理厂在综合提升和运营管理方面还有诸多需要考虑的因素。

（1）技术革新与工艺优化

随着科技的发展和污水处理需求的提高，城市污水处理厂需要不断引入新技术、新工艺，如高级氧化技术、膜生物反应器等，以提高处理效率和出水水质。同时，对现有工艺进行持续优化，确保处理过程的高效、稳定。

（2）资源回收与再利用

在污水处理过程中，应注重资源的回收与再利用，如污泥中的磷、氮等营养物质的回收，以及处理过程中产生的热量的利用等。这不仅有助于降低处理成本，还能实现资源的可持续利用。例如，白龙港污水处理厂在污泥资源化利用方面不断探索，除了传统的厌氧消化技术，该厂还积极引入并研发了多项先进工艺，如污泥热干化、生物干化及与农业废弃物协同处理技术等。通过这些技术手段，污泥中的有机物质得以高效转化，不仅生成了高品质的有机肥料，还实现了生物能源的有效回收，如沼气发电，为厂区的自给自足提供了可能。

（3）智能化与自动化运营

城市污水处理厂正在逐步实现智能化、自动化管理。引入智能控制系统、远程监控等手段，不仅能够提高管理效率、降低人工成本，还能够安全高效地应对污水处理突发情况，保障污水处理厂的安全、稳定运行。

6. 小结

综上所述，杭州千岛湖配供水工程及闲林水厂和上海白龙港污水处理厂就像是神奇的“水卫士”，守护着人们的饮水安全。作为国内外水处理工厂的典范案例，其不仅展示了水处理技术的先进性和科学性，也体现了环境工程学科在改善人们生活环境、促进可持续发展方面的重要作用。

03 第三单元 环境工程的实验探究——以水处理为例

从第二单元的水处理实际案例中，我们可以发现，通过水处理的工艺技术可以实现将水中的污染物分离去除。接下来，我们是否可以自己动手做一些水处理的小实验，学习、认识和探究水处理的基本理念和相关的工程技能呢？让我们一起动手，成为小小环境工程师吧！

第1节 家庭简易水过滤器制作——模拟现实过滤技术

1. 实验原理与目的

在神奇的自然界中，水通过土壤、岩石这些天然的“过滤层”后会变得清澈。而在人类社会中，也有聪明的工程师们设计建造了过滤系统，让水变得更干净、更安全。还记得前文介绍的杭州闲林水厂吗？那里的水需要通过复杂的过滤系统才能变得清澈。现在，我们要在家里动手做一个简易的水过滤器，来模拟现实中的过滤技术，亲身体验一下水是怎么变干净的！

这个实验的目的可不仅仅是玩水那么简单哦。我们要通过这个实验，理解一个叫作“物理截留作用”的原理。简单来说，就是当水流过一些有很多小孔的东西时，那些小孔就像小小的守门员，会把水里的脏东西、小颗粒都拦住，不让它们跟着水流走。这样，水就变得干净啦！

在实验中，我们要用纱布和细砂这两种材料来当过滤介质。纱布和细砂上都有很多小小的孔隙，就像大自然的岩石和土壤一样，它们能够有效地拦住水中的悬浮颗粒，让水变得清澈透明。

2. 仪器设备

① 简易过滤器（可用矿泉水瓶、纱布和细砂等自制）

② 水泵或手动注水装置（如漏斗）

③ 浑浊水（可用泥土、面粉等与水混合模拟）

④ 清水桶

⑤ 透明塑料管（用于连接各部分）

⑥ 玻璃杯（用于收集出水）

⑦ 纸巾或滤纸

⑧ 剪刀（用于切割矿泉水瓶）

⑨ 胶带或热熔胶枪（用于固定过滤层）

⑩ 计时器（用于记录过滤时间）

⑪ 量杯（用于测量浑浊水的体积）

⑫ 浊度计（若条件允许）

3. 实验方法

采用自制家庭简易水过滤器进行水的过滤操作（图 3-3）。首先，利用矿泉水瓶、纱布或细砂等材料制作过滤器，确保过滤层具有一定的孔隙率和截留能力。然后，通过水泵或手动注水装置将浑浊水缓慢注入过滤器中，利用物理截留作用去除水中的悬浮颗粒。在实验过程中，需要控制水流速度适中，以保证过滤效果并避免过滤器堵塞。

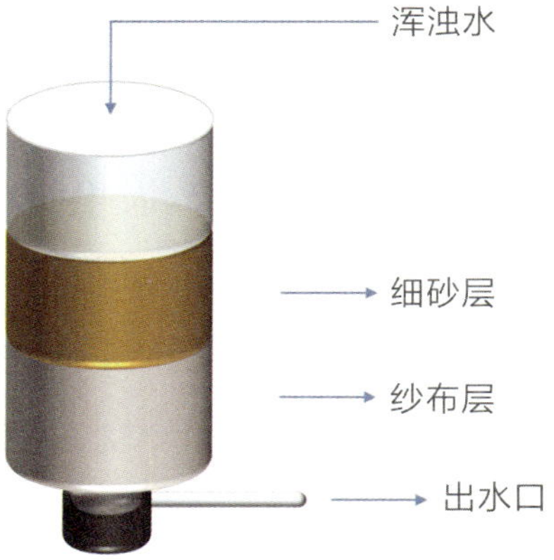

图 3-3 家庭简易水过滤器示意图

4. 实验过程

（1）准备过滤装置

使用剪刀或刀具将矿泉水瓶底部剪去或切除，注意保持切口平整。

将瓶口朝下放置，用胶带或热熔胶枪固定一层纱布作为初滤层。（为了增强过滤效果，可以在纱布上再铺一层细砂，注意控制厚度，以免堵塞）。

在瓶身合适位置打孔，插入透明塑料管作为出水口，并用胶带固定。

（2）制备浑浊水

在量杯中加入一定量的清水，然后逐渐加入泥土或面粉，边加边搅拌，直至达到预定的浑浊度。（注意记录加入的泥土或面粉量以及浑浊水的总体积。）

（3）过滤操作

将浑浊水倒入过滤器，使用水泵或漏斗控制水流速度，使其缓慢通过过滤层。

记录过滤时间，并定时观察出水情况。

当出水变得较为清澈时，停止过滤，并关闭水源。

（4）收集出水

用玻璃杯收集从出水口流出的水，观察并记录其清澈程度。

可以使用浊度计（如果条件允许）测量出水的浊度值，以量化过滤效果。

5. 现象记录与数据处理

记录过滤时间、出水体积、出水颜色、透明度等数据。

6. 结果与讨论

（1）过滤实验结果分析

分析过滤后水质改善的程度和原因。通过观察可以发现，过滤后的水变得相对清澈透明，说明悬浮颗粒被有效截留。

（2）影响因素分析

过滤层厚度：较厚的过滤层能提供更多的截留面积和更长的过滤路径，

但也会增加过滤阻力和能量消耗。实验中可以尝试使用不同厚度的过滤层以观察其对过滤效果的影响。

过滤介质材质：纱布和细砂的孔隙结构不同，二者对悬浮颗粒的截留效果也不同。可以对比使用不同材质的过滤层时的过滤效果。

水流速度：水流速度过快会导致悬浮颗粒穿透过滤层而未被截留；水流速度过慢则会影响过滤效率。实验中应控制合适的水流速度，以获得最佳的过滤效果。

思考与讨论

1. 过滤后水质明显改善，这是否意味着所有类型的杂质都能被过滤层有效去除？除了过滤层厚度、过滤层介质材质、水流速度，还有哪些因素可能会影响过滤效果？

2. 在实际应用中，如何判断过滤层是否需要清洗或更换？有哪些指标可以用来评估过滤层的饱和或失效状态？

7. 结论与建议

对实验结果与讨论进行归纳和总结，指出以后需要探究或改进的内容，例如进一步优化过滤层设计、探索新型的过滤介质或研究连续性过滤技术等。

8. 撰写实验报告

撰写实验报告不仅是完成一项学术任务的必要环节，更是培养我们科学思维、严谨态度以及问题解决能力的重要途径。实验报告不仅仅是对实验操作过程的简单回顾，更是我们对实验现象、数据分析及结论的深入思考和系统性总结。一份优秀的实验报告需要完整记录实验原理和目的、仪器设备、实验方法、实验过程、实验现象，针对数据处理、实验结果进行分析与讨论，并归纳实验结论与建议。

实验报告样式示例见附件。

第2节
家庭厨房净水小能手——探索活性炭吸附的魔力

1. 实验原理与目的

想象一下，尽管经过过滤实验的水已经去除了不少悬浮颗粒，但水中仍藏着一些狡猾的溶解性有机物和重金属离子等污染物。这时候，我们的“吸附实验”就要登场啦！今天，我们也可以在家里体验一下活性炭的神奇魔力，看看它是如何帮助我们净化厨房用水的。

为什么污水处理要用到吸附实验呢？这是因为过滤实验虽然厉害，但它存在一些“小盲点”。它面对那些溶解在水里的、小小的污染物分子，显得有点“力不从心”了。而吸附实验，就像是给这些小小的污染物分子设下的“天罗地网”，专门对付那些过滤不掉的污染物。在这个实验中，我们使用活性炭这一“超级英雄”。活性炭因其多孔性和超高的比表面积，拥有超强的吸附能力。它的表面布满了微孔和介孔，就像是一个个小小的“陷阱”，等着有机污染物分子“自投罗网”。一旦这些有机污染物分子被活性炭捕获并固定住，水就会变得更加清澈透明啦！

2. 仪器设备

① 透明玻璃瓶或塑料杯（用于盛放溶液和活性炭）

② 活性炭颗粒（确保无毒无害，市售可得）

③ 食品级色素（用于制备有色溶液）

④ 清水（作为溶剂）

⑤ 搅拌棒（用于搅拌溶液使活性炭均匀分散）

⑥ 滤纸或细纱布（用于分离活性炭和溶液）

⑦ 滴管或量杯（用于精确控制加水量和色素量）

⑧ 计时器（用于记录静置时间）

⑨ 分光光度计（若条件允许）

3. 实验方法

实验前，必须精心准备所有材料，并确保活性炭颗粒无毒无害，以保障实验的顺利进行。在实验过程中，要严格遵循既定的步骤进行操作，不忽略任何一个细节。同时，要实时观察记录实验现象和数据，见证活性炭如何一步步将水中的色素分子捕获并固定，从而实现水质的进一步净化（图 3-4）。

图 3-4 活性炭吸附实验示意图

4. 实验过程

（1）制备有色溶液

用透明玻璃瓶接适量的清水。向清水中逐渐滴加食品级色素，边加边用搅拌棒轻轻搅拌，直至溶液颜色达到预期的深度。注意控制色素的加入量，以便后续观察明显的颜色变化；记录加入的色素量和最终溶液的体积，以便后续数据分析。

（2）加入活性炭进行吸附

称取一定量的活性炭颗粒（建议根据溶液体积确定活性炭颗粒量，一般为溶液体积的 1%~5%），加入有色溶液中；使用搅拌棒轻轻搅拌溶液，使活性炭颗粒均匀分散在溶液中。注意搅拌力度要适中，避免产生过多气泡影响观察效果。将玻璃瓶放置在平稳的台面上，静置一段时间（建议 10~30 分钟），让活性炭充分吸附溶液中的色素分子。

（3）观察与记录

在静置过程中，定时观察溶液颜色的变化。可以使用白纸作为背景，以便更清晰地观察溶液的颜色深浅；记录不同时间点的溶液颜色变化，并可以拍照或绘制颜色变化曲线图，以便于后续分析；注意观察活性炭颗粒在溶液中的状态变化，如是否形成团块、是否沉降等。

（4）分离活性炭与溶液

静置结束后，使用滤纸或细纱布过滤溶液以分离出活性炭颗粒。此时可以观察到滤纸上残留有被活性炭吸附的色素，而滤液则变得相对无色透明；收集滤液并观察其颜色、透明度等特征。

5. 现象记录与数据处理

记录加入的色素量、溶液体积、活性炭用量以及静置时间等实验数据。

使用分光光度计等仪器测量滤液的吸光度值（如条件允许），以量化活性炭的吸附效果。

将实验数据记录在笔记本上并进行初步分析处理，如绘制溶液颜色变化曲线图等。

6. 结果与讨论

（1）活性炭的吸附效果分析

通过实验我们可以观察到，随着活性炭的加入和静置时间的延长，有色溶液的颜色逐渐变淡，直至接近无色透明。这表明活性炭对溶液中的色素分子具有显著的吸附效果。通过滤纸过滤后，滤纸上残留有被活性炭吸附的色素，进一步证实了活性炭的吸附作用。分光光度计测量结果显示，滤液的吸光度值显著降低，可以定量说明活性炭具有有效去除色素的作用。

（2）影响因素分析

活性炭用量：实验中发现，活性炭用量越多，吸附效果越明显。但使用过多的活性炭也会增加处理成本，因此在实际应用中需要权衡活性炭用量与成本的关系。

溶液浓度：溶液浓度越高，活性炭的吸附效果越显著。然而，高浓度溶液可能需要更长的静置时间或更多的活性炭用量才能达到理想的吸附效果。

静置时间：延长静置时间有助于活性炭更充分地吸附溶液中的色素分子。但过长的静置时间也会增加处理周期，因此在实际应用中需要根据需求确定合适的静置时间。

思考与讨论

1. 在现实生活中，净化水质的活性炭的投放量是越多越好吗？向水中投放活性炭需要考虑哪些因素呢？

2. 面对高浓度溶液，增加活性炭用量会增加成本，而增加静置时间又会延长处理周期，你认为如何处理会比较合适？

7. 结论与建议

对实验结果和讨论进行归纳和总结，指出以后需要探究或改进的内容，例如活性炭的再生与回用、活性炭与其他水处理技术（如过滤、氧化等）结合使用等。

8. 撰写实验报告

见附件的示例。

第 3 节

小小水塘守护者——生物处理实验

1. 实验原理与目的

生物处理技术在水处理领域可谓大放异彩！它是利用微生物的代谢活动，把水中的有机污染物变成无害或低毒的物质，就像变魔术一样让水质变干净！还记得前文所述的上海白龙港污水处理厂吗？微生物们可是那里净化水质的大功臣。

我们可以动手用透明的塑料瓶搭建一个简单的生物反应器，里面住着各种各样的微生物。与之前不同，这次我们关注的是微生物的代谢活动，它们像是勤劳的“小工人”，通过吸附、分解、氧化等过程，把有机物质变成无机物质或低分子量的有机物质。在实验过程中，我们还可以调整一些“魔法”条件，比如温度、pH 值、溶解氧含量等，来看看微生物在不同条件下施展“魔法”的效果。

2. 仪器设备

① 透明塑料瓶（作为生物反应器）

② 微生物菌种（可选用家用鱼缸中的活性污泥或池塘底泥作为菌种来源，确保菌种活性良好）

③ 池塘里的污水（从看上去比较浑浊的池塘中取水，取水时注意安全）

④ 搅拌棒（用于混合污水和菌种）

⑤ 温度计（用于监测生物反应器内的温度，确保微生物在最适温度范围内生长）

⑥ pH 试纸或 pH 计（用于测定污水的 pH 值，以便调整至适宜范围）

⑦ 溶解氧测定仪（可选，用于监测污水中的溶解氧含量，对于某些特定微生物的生长至关重要）

3. 实验方法

本实验准备含有有机物的池塘污水，将家用鱼缸中的活性污泥或池塘底泥作为微生物菌种进行接种（图 3-5）。随后，将污水与菌种混合均匀，置于透明塑料瓶内作为生物反应器，放置于适宜环境中进行培养。定期观察并记录反应器的温度、pH 值及污水颜色、透明度等变化，以监测微生物对污染物的降解过程，通过简单且易于操作的实验步骤，同学们可以直观感受生物处理技术的原理与效果。

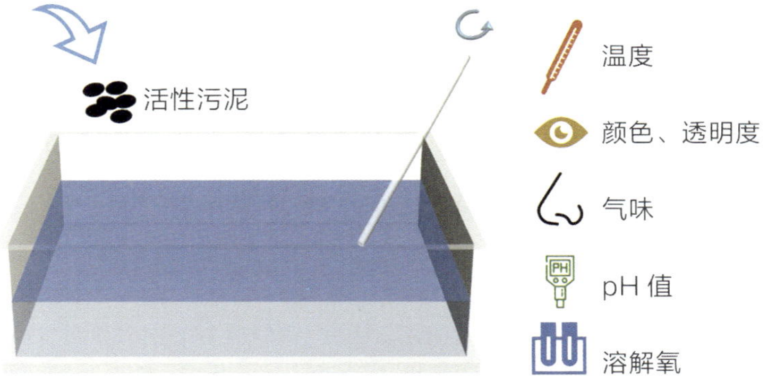

图 3-5 活性炭吸附实验示意图（可用透明塑料瓶作为容器）

4. 实验过程

（1）准备污水

从比较浑浊的池塘中取来一定量的污水。随后，使用 pH 试纸或 pH 计测定污水的 pH 值，必要时将污水的 pH 值调整至适宜范围（一般为中性或微碱性）。

（2）投加菌种

从家用鱼缸或池塘中取适量活性污泥或底泥作为菌种来源，加到准备好的污水中。使用搅拌器或搅拌棒轻轻搅拌，使菌种在污水中均匀分布。

（3）设置生物反应器

将装有污水和菌种的透明塑料瓶置于温暖、避光且通风良好的地方，作为生物反应器。确保反应器的溶解氧含量能够支持微生物的生长和代谢活动。

（4）定期观察与记录

每隔一定时间（如每天或每两天），使用温度计测量反应器内的温度并记录。同时观察并记录污水的颜色、透明度、气味等变化情况。如果条件允许，还可以使用溶解氧测定仪测定污水中的溶解氧含量变化情况。

（5）样品采集与分析（可选）

在实验的不同阶段采集污水样品进行分析。可以使用化学方法（如 COD、BOD 测定）或生物方法（如微生物计数）来评估微生物对污染物的降解效果。

5. 现象记录与数据处理

在实验过程中，每天记录生物反应器内的温度、pH 值以及观察到的污水颜色、透明度等变化。同时，对污水外观的直观变化进行详细描述，以反映微生物降解有机物的进度。实验结束后，整理所有数据，通过图表形式直观展示温度变化趋势及污水性质改善情况，从而验证生物处理技术的有效性，并进一步探讨实验条件对处理效果的影响。

6. 结果与讨论

（1）微生物降解效果分析

实验过程中，观察到污水由初始的浑浊逐渐变为清澈，透明度显著提高，气味也有所改善，这表明微生物在生物反应器内有效降解了污水中的有机物。通过化学分析方法（如 COD、BOD 测定）进一步验证，发现污水中的化学需氧量和生物需氧量在实验结束后显著降低，说明有机物被微生物分解转化。

（2）影响因素探讨

温度是影响微生物生长和代谢活动的重要因素。实验中发现，在适宜的温度范围内，微生物的降解效果更佳。过高或过低的温度都可能抑制微生物的活性。

pH 值对微生物的生长和代谢也有显著影响。实验过程中，将污水 pH 值调整至中性或微碱性范围，有利于微生物的生长和降解作用。

溶解氧含量对某些微生物的生长和降解效果至关重要。实验中通过定期搅拌和通风，保持反应器内一定的溶解氧含量，有助于微生物发挥降解作用。

菌种种类和数量也是影响降解效果的重要因素。微生物的降解效果在实验初期较为显著，随着实验的进行，降解速率逐渐减缓，这可能与污水中易降解有机物的减少以及微生物生长进入稳定期有关。

污水成分对微生物的降解效果也有一定影响。实验中配制的人工污水模拟了含有有机物的实际污水，但实际污水成分可能更为复杂，微生物对其降解效果也会与对人工污水的降解效果有所不同。

7. 结论与建议

对实验结果与讨论进行归纳和总结，指出以后需要探究或改进的内容，例如使用不同来源的微生物菌种、研究微生物群落的演替规律以及长期运行稳定性等。

8. 撰写实验报告

见附件的示例。

思考与讨论

1. 在实际应用生物处理技术时，是不是温度越高微生物的降解效果就越好呢？除了温度，还有哪些因素会影响微生物的生长和代谢活动，从而影响降解效果？

2. 微生物的种类和数量对降解效果有着重要影响，那么在实际应用中，我们应该如何选择和培养适宜的微生物菌种，以提高降解效率和优化处理效果呢？

04 第四单元
拓展创新——面向未来的环境工程

近年来，生态环境保护和治理面临着应对气候变化、突发性灾害和新污染物（抗生素、微塑料等）等一系列挑战，同时信息技术、新能源、新材料和生命科学等新兴科技的发展与应用也给环境工程学科发展注入了新的活力。

1. 信息科技在环境工程中的应用发展

信息技术的发展极大改变了我们的生活：它丰富了我们的娱乐方式，例如虚拟现实技术（VR）为我们带来了无与伦比的沉浸式体验；它为我们提供了便捷的生活服务，移动支付、网上购物、线上预约等节省了我们大量的时间和精力……而对于环境工程而言，信息技术更是最为先进的武器。那么，在监测、管理、处理处置以及决策等关键“战役”中，这件武器到底是如何发挥其威力的呢？

在环境监测的战役中，利用传感器和物联网技术对污染源进行实时监控，可在第一时间发现污染物；通过自动化系统收集环境数据，并利用软件工具进行分析，能充分掌握污染物的组成特点；利用物联网技术监测大气、水质等环境质量指标，整合来自不同监测站点的数据，支持数据的存储和访问；通过对历史数据进行分析，预测污染趋势或识别异常情况；利用地理信息系统（GIS）技术进行空间数据分析，绘制污染分布图……在污染控制与治理中，通过自动化系统控制污染治理设施的操作，提高效率；基于数据分析结果，为决策者提供治理方案建议和战略支持。

与此同时，在环境工程设计与模拟方面，通过计算机辅助设计（CAD）设计废水处理设施、空气净化装置、固体废物处理与资源化系统等；采用模拟软件模拟不同的处理工艺，预测效果，优化设计和操作。在环境应急响应方面，建立信息化应急指挥平台，从而在发生污染事故时，快速响应和提供决策支持，利用信息技术进行环境风险评估，制定预防措施。

信息技术在环境工程中的应用不仅提高了工作效率和准确性，还促进了环境保护工作的透明度和社会参与度的提升。随着信息技术不断发展，其在环境工程领域将发挥更大的作用。

2. 环境工程学科发展中的新材料应用

大量新材料的应用，有助于提高环境工程项目的效率和可持续性，同时也为环境保护提供了新的解决方案，如生物纤维等生物材料作为“专业医生”，不仅能做出专业的诊断——改良土壤、净化水体，还能传授各类预防方法——增强环境的自我修复能力；因其加入了特殊添加剂的混凝土，不仅坚固耐用，还能够支持植物生长，让花花草草在上面安家，故而可在边坡防护和生态修复中大展身手；如果说纳米催化材料和吸附材料是空气和水中最称职的环卫工人，那么气体与水质传感器便是空气和水中最细致的警探，无论是大气中的二氧化硫、一氧化碳等污染，还是 pH 值、电导率和溶解氧含量等水质参数，都逃脱不了它们的法眼。

3. 新能源科技在环境工程中的应用发展

在日常生活中，不知你是否注意过屋顶闪闪发光的“镜子”（太阳能板）以及海边的巨大“风车”（风力发电机，图 3-6），他们都是新能源的典型代表。而在环境工程中的新能源技术主要有两个用途：一是减少传统能源使用所带来的环境污染；二是处理和转化废弃物，实现资源的再利用。想象一下，在废水处理设施的屋顶或空地安装上光伏太阳能板，它们就像魔法师，能把阳光变成电，从而为废水处理提供清洁能源；太阳能还能干燥潮湿的污泥，把它们变小变轻，便于处理。再者，在适合的地区安装风力发电机，利用风能为环境工程设施供电，让它们即使在夜晚也能不停歇地工作。山区里，水流潺潺，通过建立小型水力发电站，可以为山区的环境工程设施带去动力；海边，潮汐一来一回，就像是大海的呼吸，利用这呼吸的力量，便能为海水淡化厂等设施提供电力；还有地热，就像大地母亲温暖的怀抱，在地热资源丰富的地方，建立地热站，便能给周边的环保工程设施送去巨大能量。最后，可别小瞧农业废弃物、林业剩余物和城市里的有机垃圾，通过焚烧、热转化或生物转化，它们能成为生物质能源，继续为我们服务。总之，这些新能源技术的应用不仅有助于减少环境污染，还能够提高能源利用效率，促进资源的循环利用。

图 3-6 风力发电机

4. 环境工程学科中的生命科学应用

从北极到南极，从高山到深海，从冰雪覆盖的冻原到高温的热带雨林，都有生物的存在。它们具有多种多样的形态结构以及截然不同的生活方式，而其中，便包含了在环境工程中被广泛应用的宝藏——尤其是在废水处理、废气净化、土壤修复等方面，以生物为重要载体的生命科学技术在环境工程中发挥了举足轻重的作用。说到水处理，活性污泥法就是利用微生物这群小小清洁工来去除废水中的脏东西——有机物。在生物膜法中，微生物们化身上班族，每日前往固定的工厂，聚集在一起，齐心协力来分解废水中的污染物。再来说说生物浮选，其实，这是利用了微生物不喜欢水的特点，用气泡来援救它们，同时也带走污染物，一举两得。还有生物接触氧化工艺，在与污染物亲密接触的过程中，微生物会施展出氧化魔法，把污染物变成无害的东西。废气也是我们要关心的。我们有生物洗涤塔和生物滴滤床，它们就像是废气的浴室，在里面，微生物会把废气里的有害物质，如挥发性有机化合物（VOCs）等都吃掉。如果土壤和地下水被污染了怎么办呢？别担心，我们可以用大自然中本就存在或人为添加的微生物来帮忙修复，有时候，我们还会给它们加点营养品，让它们工作得更快更好，这就是生物强化。另外，微生物还能帮助我们处理固体废弃物：它们可以把厨余垃圾等有机废物变成肥料，给植物施肥；还可以在没有氧气的地方，把垃圾变成有用的生物气体，比如甲烷，这叫作厌氧消化。最后，我们怎么知道环境是不是已经得到有效治理了呢？科学家们发明了生物标志物和生物传感器这两个小帮手。它们能像侦探一样，通过观察分子变化等微小的细节，来快速检测出污染物，帮助我们更好地保护环境。

5. 实验探究与综合思考

环境工程实验是环境科学与工程技术领域中一个非常重要的组成部分。通过实验可以监测环境质量的变化，识别与评估不同来源的污染物及其对环境的影响，验证环境科学中的理论假设，开发新的污染防治技术或改进现有技术以提高效率、降低成本，理解理论知识在实际中的应用，培养学生的实验技能、数据分析能力和解决问题的能力。

拓展练习

通过本章内容的学习，你已经是一名优秀的小小工程师啦！面对河道污水或家中的洗衣、洗菜水，相信你会采取更加科学合理的方法来净化水质。请你以一种实际污水为对象，如洗衣水、厨房洗菜水、校园水塘水（需要注意安全，在监护或指导下取水），观测其水样特征，并设计一套水处理技术方案。更进一步地，你能构思并设计一个在家就能进行水质净化的模拟装置吗？

准备好相关实验器材后，实施你的水处理实验，观测并分析实验结果，最后归纳实验结论并提出展望，完成一份翔实的实验报告。

附件：实验报告样式示例

<table>
<tr><th colspan="6">实验报告</th></tr>
<tr><td>实验名称</td><td colspan="5"></td></tr>
<tr><td>实验时间</td><td></td><td>实验地点</td><td></td><td>报告人</td><td></td></tr>
<tr><td colspan="6">一、实验原理与目的</td></tr>
<tr><td colspan="6"></td></tr>
<tr><td colspan="6">二、仪器设备与材料</td></tr>
<tr><td colspan="6"></td></tr>
<tr><td colspan="6">三、实验步骤与方法</td></tr>
<tr><td colspan="6"></td></tr>
<tr><td colspan="6">四、数据记录与处理</td></tr>
<tr><td colspan="6"></td></tr>
<tr><td colspan="6">五、结果与讨论</td></tr>
<tr><td colspan="6"></td></tr>
<tr><td colspan="6">六、结论与建议</td></tr>
<tr><td colspan="6"></td></tr>
</table>

ENGINEERING LITERACY

工程素养 · **拓展篇**

4

第四章
智能高效的微生物工程

在浩瀚的自然界里，存在着一群微小却生命力旺盛的生物体——微生物（图 4-1）。若我们拥有超级显微镜般的视力，便能踏入一个既神秘又引人入胜的微观领域，那里居住着各种各样的微生物，包括细菌、病毒等（图 4-2）。大多数微生物以单细胞形式存在，少数是多细胞生物，而病毒则不具备完整的细胞结构。

人类对微生物的了解与应用可以追溯至几千年前。早期人们利用微生物发酵生产酒类、面包、酸奶和醋等传统食品，这些食品就是微生物工程的产物（图 4-3）。随着现代生物技术的发展，科学家通过改造微生物，使其具备特定的生物功能，实现了胰岛素、干扰素和青蒿素等药物的大规模生产。微生物工程是利用天然或经过改造的微生物来生产所需的物质，作为一种先进的现代工业生物技术，它在推动医药、农业和环境保护等方面的技术进步中扮演了重要角色。

微生物工程的核心内容包括菌种选育、培养基的配制、灭菌、目标微生物的扩大培养、发酵过程控制和产物的分离纯化等关键技术。菌种选育包括从自然界分离筛选具有特定功能的微生物，通过物理或化学诱变进行菌种改良，以及通过现代生物学方法构建工程菌。根据微生物的营养需求配制好培养基后，还需要采用高压蒸汽对培养基及发酵设备进行彻底灭菌。发酵过程通常采用计算机自动控制，实时监测和收集数据。发酵结束后，产物还需要通过分离纯化才能得到最终产品。

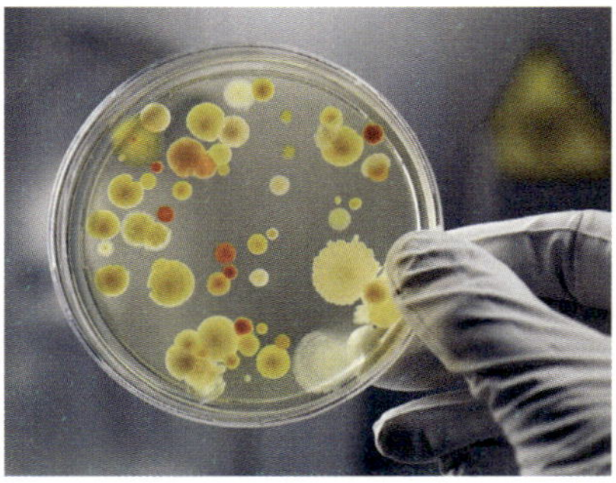

图 4-1 多种多样的微生物菌落

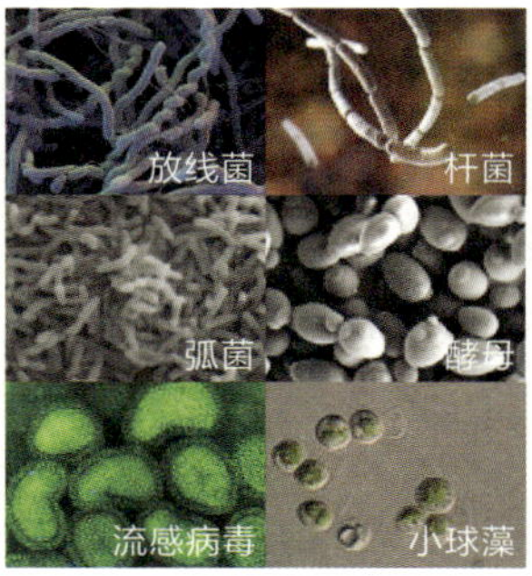

图 4-2 多种多样的微生物

图 4-3 传统发酵食品

01

第一单元 微生物工程发展历程及特点

微生物工程涉及多个学科领域，它结合了微生物学、生物化学和工程学，为食品、药品、能源等多个行业的生产提供了先进的创新解决方案。从最早的酿酒发酵工艺到现代生物技术的迅速发展，微生物工程经历了一个充满挑战与机遇的发展历程。通过对微生物的深入研究，科学家们更加全面地理解了它们的代谢机制和生理特性，从而能够更有效地利用微生物进行大规模生产。下面将介绍微生物工程的发展历程和微生物工程的特点。

第1节 微生物工程的发展历程

1. 微生物工程的天然发酵技术

人类利用微生物的代谢产物作为食品已有数千年历史。在微生物被科学发现之前，我国的古代劳动人民就已经意识到微生物的存在，并在生产实践中加以应用（图 4-4）。新石器时期，我国已出现酿酒的早期迹象。到商周时期，酿酒技术日益成熟，出现了黄酒、米酒和果酒等多种酒类。到了春秋战国时期，我国人民已经掌握了制醋的技术，其实质是利用醋酸菌将酒精转化为醋酸的过程。公元前 4000 至前 3000 年，古埃及人掌握了酿造酒和醋的方法。公元前 2000 年左右，古希腊人和古罗马人已经会用葡萄酿制葡萄酒。虽然古人在酿酒和制醋过程中早已在无意间进行了微生物的培养，但他们当时并不理解微生物与发酵的关系，因此难以人为控制发酵过程，生产更多是依赖经验，处于天然发酵阶段。

图 4-4 汉代酿酒画像砖

2. 微生物工程的纯培养技术

荷兰科学家安东尼·范·列文虎克（Antonie van Leeuwenhoek）于 1676 年首次利用自制的简易显微镜观察到了细菌的存在（图 4-5）。1850—1880 年，法国科学家路易·巴斯德（Louis Pasteur）发展了一整套微生物学的基础研究方法，为微生物工程技术的发展奠定了重要基础。他发现空气中存在微生物，容易导致培养物的污染，因此开创了无菌技术。他还证明了酒精发酵是由酵母引起的，并指出不同的微生物会产生不同的发酵产物。此外，他发明了巴氏杀菌法，通过将食品（如牛奶、葡萄酒和啤酒）加热至特定温度来杀死有害微生物，从而显著提高了食品的安全性并延长了食品的保质期。

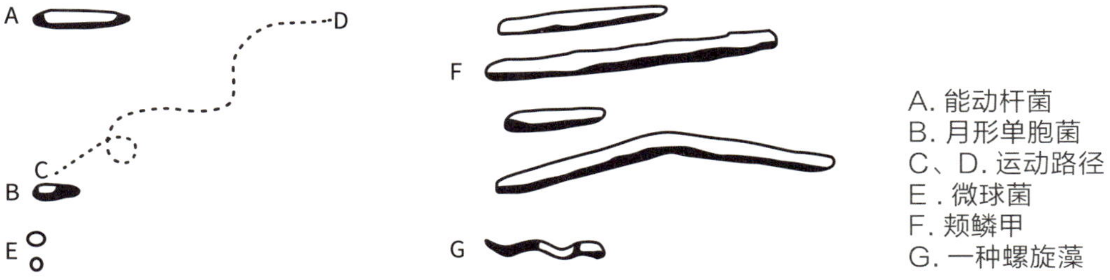

图 4-5 安东尼·范·列文虎克所做细菌插图

1897 年，德国科学家爱德华·毕希纳（Edward Buchner）发现通过研磨酵母细胞获得的酵母汁仍能使糖液发酵生成酒精，证明了酵母细胞中含有酒化酶。到了 19 世纪中叶，德国科学家罗伯特·科赫（Robert Koch）及其助手发明了使用琼脂作为固体培养基的微生物培养技术，并建立了微生物的分离纯化和纯培养方法，标志着可以人为控制发酵过程。灭菌技术和简易密闭发酵罐的使用，推动了微生物工程技术的发展，使其逐渐进入近代工业领域。这一时期的主要发酵产品包括酵母、乙醇、乳酸、甘油和丙酮丁醇等，主要是通过厌氧发酵获得的产物。

3. 微生物工程的深层发酵技术

1928 年，英国细菌学家亚历山大·弗莱明（Alexander Fleming）发现了能够抑制葡萄球菌的青霉菌，所产生的物质被称为青霉素。然而，弗莱明的这一发现当时并未引起广泛重视。20 世纪 40 年代初，第二次世界大战期间对抗细菌感染药物的迫切需求促使人们重新关注青霉素。由于青霉素的生产是好氧发酵过程，工程师们引入了深层培养技术，即通过搅拌和通气在液体培养基中大规模培养微生物（图 4–6）。这一方法通过调控发酵罐内的温度、pH 值、氧气浓度和营养物质等条件，显著促进了微生物的快速生长和代谢。1945 年，深层发酵技术开始大规模应用于青霉素的生产，使其产量迅速增加。

图 4–6 第二次世界大战时期青霉素生产场景

来源：*The Era of Antibiotics*, painted by Robert A. Thom for Parke, Davis & Company, 1950s

这一技术不仅推动了抗生素工业的发展，还促进了整个发酵工业的快速进步，催生了链霉素、氯霉素、金霉素等抗生素，以及谷氨酸等氨基酸，蛋白酶、淀粉酶等酶制剂的工业化生产。

4. 微生物工程的现代发酵技术

20 世纪 80 年代以来，基因工程技术的进步使得科学家能够根据预先设计构建基因工程菌株，生产天然微生物无法合成的产品，例如胰岛素、干扰素和白细胞介素等。通过结合代谢工程技术，可以对微生物细胞内部的代谢途径进行定向改造，以更有效地利用细胞代谢活动生产目标产物。

合成生物学作为 21 世纪新兴的学科，是生命科学与工程学的结合。它使科学家能够设计和构建新的生物系统，或改造现有生物以赋予其新的功能。合成生物学技术发展迅速，已全面促进了包括微生物工程在内的多个领域的发展。通过重新设计和构建微生物的基因，合成生物学显著推动了微生物工程技术的进步。传统的微生物工程主要依赖自然界中已有的微生物及其天然代谢途径，而合成生物学则为科学家提供了改造微生物的强大工具，使他们能够设计出更高效、精准的生物系统。

微生物工程技术发展至今，已经形成了一个蓬勃发展的现代生物产业——微生物工程产业。该产业广泛应用于农业生产、医药卫生、食品加工、环境保护以及资源和能源开发等多个领域。随着生物技术的快速进步，微生物工程技术也在不断改进和提升，其应用范围持续拓展，展现出巨大的潜力。

第 2 节 微生物工程的特点

微生物工程是一种利用微生物进行工业生产的技术，它通过优化微生物的特性来生产各种产品，如食品、药品和材料等。微生物工程具有以下几个主要特点。

高效性：微生物繁殖速度快，能够在短时间内大量生产目标产品，如抗生素、生物酶、发酵食品等。

可控性：通过调节发酵条件（如温度、pH 值、营养成分），可以控制微生物的生长和产物的生成，提高生产效率。

多样性：不同微生物能够将多种原料，包括糖类、淀粉，甚至一些工农业废弃物，转化为各种有价值的产品。

环境友好性：微生物工程常使用可再生资源，生产过程中能减少污染，是一种低碳环保技术。

创新性：通过分子生物学技术，人们可以改造微生物，使其具备生产新产品的能力，如生物燃料、药物及合成生物材料等。

这些特点使微生物工程在现代生物技术和工业中占有重要地位，推动了许多领域的技术进步和生产效率的提高。

02 第二单元 微生物工程案例解析

微生物工程是现代工业生产中的关键技术，广泛应用于食品、药品等领域。味精和啤酒的生产是微生物工程技术的两个典型应用案例，但它们依赖的发酵方式有所不同。味精生产采用好氧发酵，在氧气充足的条件下，微生物将糖类等原料转化为谷氨酸。而啤酒生产则利用厌氧发酵，酵母在缺氧环境中将糖类转化为酒精和二氧化碳。通过分析这两个案例，我们可以更好地理解微生物工程的基本原理及其应用。

第1节 微生物工程生产味精

人们在家里做饭的时候，喜欢往菜或汤里加一点味精，这样菜或汤就会变得格外鲜美。那么，味精是什么呢？为什么它能使菜或汤的味道变得更加鲜美呢？原来味精的化学成分是谷氨酸钠，当它溶解在水中时鲜味很强，当与食盐共存时，鲜味更加突出。谷氨酸钠也是酱油中提供鲜味的主要成分之一，因此广泛用于调味品中，能够为食物增加鲜的风味。

我们知道，蛋白质是由多种氨基酸组成的。谷氨酸就是其中一种重要的氨基酸。它广泛存在于动植物的蛋白质中，尤其在谷类蛋白质中含量较高。例如，在小麦面筋中，谷氨酸的含量可达40%。正因为它在谷物中含量丰富，才得名“谷氨酸”。而谷氨酸钠则是谷氨酸的钠盐。

过去，谷氨酸主要从天然蛋白质中提取，通常使用盐酸水解小麦面筋或脱脂豆粕的方法来制备。这种方法不仅耗费大量粮食，而且在生产过程中使用大量盐酸，容易导致设备腐蚀。随着微生物工程的发展，通过发酵法生产味精有效解决了这些问题，不仅降低了对粮食资源的消耗，还减少了对设备的损害和对环境的污染。

1. 味精生产原理

采用微生物工程（又称发酵工程）生产味精，首先通过发酵制备谷氨酸，然后将其加工成谷氨酸钠，即味精。在发酵过程中，常用的菌种是谷氨酸棒杆菌（*Corynebacterium glutamicum*）。这种细菌在好氧条件下（即有氧环境）能有效利用原料中的糖类，如葡萄糖和蔗糖等，通过复杂的代谢和生化反应，将糖转化为谷氨酸。随后，谷氨酸与氢氧化钠反应生成谷氨酸钠，完成味精的制备。

2. 味精生产过程

（1）“种子”的获得

要进行发酵，首先需要获得能够生产谷氨酸的微生物——菌种，就像种植农作物必须有种子一样。谷氨酸发酵用的谷氨酸棒杆菌是如何获得的呢？它们可能存在于土壤、水源、动植物体内，甚至存在于空气中，经过筛选，才能得到适合发酵的菌株。

科学家采用无菌操作技术，细致耐心地从自然界中分离筛选出这些能够生成谷氨酸的细菌。那么，什么是无菌操作技术？该技术有什么要求呢？

猪肉蒸熟的秘密

从超市购买猪肉后，取出两小块，一块直接放入微波炉饭盒中，另一块放入微波炉饭盒后并蒸熟。每天检查两块肉的颜色、气味等感官变化，连续观察3~5天后，你会发现蒸熟的肉变质得更慢。这是为什么呢？

在蒸熟的过程中，蒸汽杀死了猪肉表面和内部的微生物，使其处于无菌状态。无菌操作技术指的是在进行微生物实验时，所用的容器、培养基等必须经过严格的灭菌处理，并通过特定的方法使目的微生物在转移过程中不受环境中其他微生物的污染。微生物灭菌主要有湿热蒸汽灭菌、干热灭菌、紫外线灭菌及化学灭菌等多种方式。这一技术是微生物实验的基础，能够减少外界微生物污染对实验的干扰。

科学家在选出能够生产谷氨酸的菌种后，首先通过培养实验来研究它的生物学特征、营养需求和培养特性等，以充分发挥它合成谷氨酸的潜力。其次，科学家通过传统育种技术或现代生物学技术进一步提高它的谷氨酸合成能力。

（2）原料准备

在获得合成谷氨酸能力强的菌株后，需要准备发酵所需要的原料。谷氨酸生产所用的主要原料包括淀粉水解糖（如薯类淀粉水解糖等）、糖蜜（甘蔗或甜菜糖蜜），以及含氮化合物（尿素、氨水和硫酸铵）等。此外，还需要少量含磷、钾、镁等的无机盐，以满足菌种的营养需求。

微生物的营养需求

微生物的营养需求是维持其生长和繁殖所需的各种物质，主要包括碳源、氮源、无机盐、生长因子和水。碳源，如葡萄糖和淀粉水解糖等，主要用于构建细胞结构和提供能量。氮源则用于细胞结构的构建，分为有机氮源（如酵母粉和蛋白胨）和无机氮源（如氨水和硫酸铵）。无机盐提供维持生命活动所需的元素，如磷、硫、钾和钙等，磷酸盐和硫酸盐是常见的磷源和硫源。某些微生物还需要生长因子，包括维生素、氨基酸和核苷酸等，这些化合物无法由其自身合成，必须从环境中获得。水不仅能够溶解各种营养物质，促进吸收，还能保持细胞的形态和结构，维持渗透平衡。

（3）发酵过程

发酵前，先将各种原料制成培养液，然后在培养液中加入预先培养好的菌种，在密闭的发酵罐内进行通风搅拌。谷氨酸的生产采用好氧发酵，主要特点是在发酵过程中需持续不断地向发酵罐内通入无菌空气，并进行连续搅拌。在此过程中，菌种一边生长繁殖，一边生成谷氨酸。谷氨酸棒杆菌利用它体内复杂的酶系统，将糖等碳源转化为 α－酮戊二酸，并通过氨离子的氨基化等一系列生物化学反应，最终生成谷氨酸，积累在发酵液中。

在发酵过程中，需要严格控制发酵条件，包括温度、pH 值和溶氧量等，以确保发酵的高效进行。发酵前 16 小时温度应维持在 31℃，接下来的 18 小时调整为 34℃。发酵前 28 小时 pH 值应维持在 7.5 左右，此后适当降低，通常控制在 7.0 以下；发酵结束前 pH 值应调整至 6.5 左右。在发酵过程中，可以间歇性地补加尿素，以降低发酵液的 pH 值。

酸奶机的秘密

在家中，我们可以使用酸奶机制作美味的酸奶。首先，在牛奶中加入适量的白砂糖和酸奶菌剂（乳酸菌），然后放入酸奶机中，选择“酸奶”模式，几个小时后即可获得可口的酸奶。同学们想一想，酸奶机在制作酸奶过程中发挥了什么重要作用?

酸奶机的主要功能是为酸奶菌剂提供适宜的温度（一般在 40~45℃）。在这一温度范围内，乳酸菌能够快速生长，产生乳酸并形成独特的风味。如果没有酸奶机进行保温，温度较低时乳酸菌的发酵会受到抑制，此外还可能增加致病菌污染的风险，从而影响酸奶的口感和品质。

微生物的生长和繁殖受到多种环境因素的影响，这些因素可以分为物理因素和化学因素。物理因素包括温度、pH 值、水分、氧气和渗透压等，而化学因素主要包括微生物所需的营养物质，这些营养物质能够促进微生物的生长。此外，抗生素和消毒剂等化学物质则具有抑制微生物生长或杀死微生物的作用。

（4）味精制备

发酵完成后，含有谷氨酸的发酵液是一种混合物，包含多种成分，需要采用适当的分离方法，从发酵液中提取谷氨酸。提取出的谷氨酸随后与氢氧化钠反应，生成谷氨酸钠。接着，对谷氨酸钠进行提纯，去除杂质，得到高纯度的谷氨酸钠。最终，味精以晶体或粉末的形式在市场上出售，用于食品调味。

通过学习微生物工程生产味精的过程（图 4-7），我们理解了微生物工程发酵生产产品的原理，即利用微生物的生命活动，在适宜条件下大规模生产人们所需的产品。谷氨酸的发酵属于好氧发酵，因此在发酵过程中需要持续搅拌并通入无菌空气，以维持微生物的生长和代谢。而酒类的酿造则主要是利用酵母等微生物在厌氧环境下进行发酵，将糖类等物质转化为酒精和二氧化碳的过程。

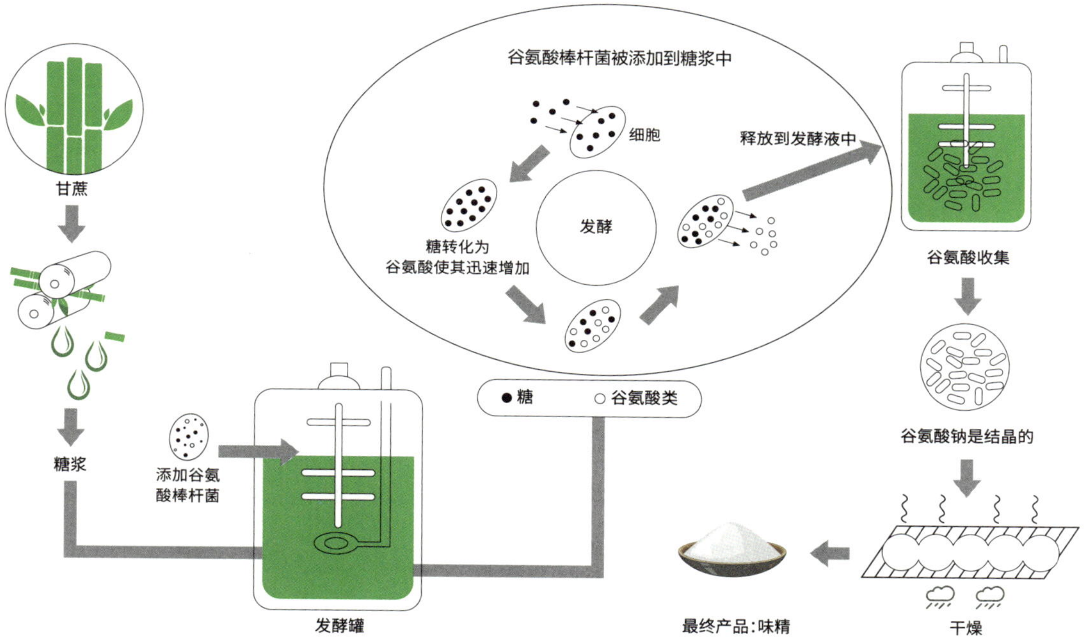

图 4-7 味精发酵生产过程

第 2 节

微生物工程生产啤酒

啤酒的历史可以追溯到大约 6000 年前的美索不达米亚（今伊拉克一带）和古埃及。当时的人们通过发酵谷物制作出最早的啤酒。19 世纪，法国科学家路易·巴斯德的微生物研究揭示了发酵的科学原理，使得现代啤酒酿造工艺得以形成并不断优化。我国最早的啤酒厂是 1900 年由俄国人在哈尔滨建立的乌卢布列夫斯基啤酒厂。1903 年德国人和英国人在青岛建立了英德啤酒公司（青岛啤酒厂前身）。1904 年我国首次在哈尔滨自建东北三省啤酒厂。至此，啤酒正式引入中国。

啤酒是以大麦和水为主要原料，以大米、啤酒花等为辅料，经制麦、糖化、酵母发酵酿造而成的一种含有二氧化碳、酒精和多种营养成分的低酒精度饮料酒。酿造啤酒的酵母一般为酿酒酵母（*Saccharomyces cerevisiae*）。因酵母类型、发酵条件、产品风味等不同，啤酒种类多种多样。根据麦芽汁浓度，分为低浓度型、中浓度型和高浓度型啤酒；根据色泽，分为淡色啤酒和浓色啤酒；根据除菌与否，分为生啤（过滤除菌）、熟啤（高温灭菌）和鲜啤（未除菌）等。

1. 啤酒生产原理

啤酒生产的菌种主要是纯培养的酿酒酵母。传统的啤酒发酵过程分为主发酵（前发酵）和后发酵两个阶段。在主发酵初期，酵母在有氧条件下迅速繁殖；当发酵液中的溶解氧耗尽后，酵母进入无氧发酵模式，将麦汁中的糖分转化为酒精和二氧化碳。随后进入后发酵阶段，酵母继续分解残留糖分生成酒精和二氧化碳。由于后发酵在密闭的容器中进行，生成的二氧化碳易溶于啤酒，提升了其饱和度。后发酵阶段温度较低，有利于促进啤酒的成熟和澄清。

2. 啤酒生产过程

啤酒生产过程主要分为麦芽制备、糖化、发酵和灌装四个部分。在接种酿酒酵母进行发酵之前，还需要扩大培养。

（1）酿酒酵母的扩大培养

在啤酒发酵之前，首先对酿酒酵母进行扩大培养，目的是获得足够多的酿酒酵母，从而更好地利用原料中的糖分等发酵产生酒精及各种风味物质。

（2）麦芽制备

大麦是啤酒的主要原料之一。大麦经过发芽和烘焙后形成麦芽。不同的麦芽种类和烘焙程度决定了啤酒的颜色和口感。烘干程度越高，麦芽颜色越深，生产的啤酒颜色也就越深，风味也会更加浓郁。

（3）糖化

糖化是酿造啤酒的关键步骤，通过加热激活麦芽中的淀粉酶，将淀粉转化为可被酵母利用的糖。首先把麦芽粉碎过筛，然后将其与水混合加热。这个过程需要在特定的温度和时间下进行，以确保淀粉被充分转化为糖。糖化完成后的糖化液经过过滤去除麦芽残汁，留下清澈的麦汁。麦汁中的糖分将为后续的酿酒酵母发酵提供营养，并影响啤酒的酒精含量。

过滤后的麦汁被送入煮沸罐中进行煮沸，这一过程不仅可以杀灭可能存在的微生物，还能浓缩麦汁，增强其风味。在煮沸的过程中，分次加入啤酒花。啤酒花是一种蛇麻草植物的花苞，它能赋予啤酒苦味，为啤酒增添花香或果香的气息。煮沸过程通常持续 1~2 小时，之后麦汁经过回旋沉淀后，迅速冷却至适宜发酵的温度。一般为 10℃左右。

粉碎的麦芽经过糖化、过滤和煮沸过程，变成了可以用于啤酒发酵的麦汁。

（4）啤酒主发酵

啤酒主发酵是酿酒酵母通过分解麦汁中的糖类和其他营养物质，进行细胞生长、增殖并产生酒精和二氧化碳的过程。啤酒主发酵是一种静止发酵过程，将酵母接种到麦芽汁中，并通入一定量的无菌空气，在一定温度下，酵母进行好氧生长，大约 20 小时后，溶解氧被耗尽，进入主发酵阶段。

酵母利用麦芽汁中的糖分，通过厌氧发酵生成酒精和二氧化碳。大约发酵5~7天后，主发酵结束。

（5）后发酵

主发酵结束后，啤酒并未完全成熟，需要经过一段时间的熟成，也称为后发酵。后发酵阶段，酿酒酵母利用发酵液中还残存的少量糖分，继续发酵产生酒精和二氧化碳。后发酵过程温度较低，一般不超过5℃。后发酵过程使啤酒风味更加醇厚，还提高了啤酒的稳定性，延长了啤酒的保质期。

啤酒度数的含义

很多人误以为12°的啤酒含有12%的酒精。其实，啤酒的度数与白酒的度数不同。白酒的度数表示酒精含量，而啤酒的度数指的是原麦汁的浓度。12°的啤酒意味着它是由含糖量为12%的麦芽汁酿造的，酒精含量通常为3.5%~5%。

（6）过滤和灌装

后发酵结束的啤酒经过过滤后可得到澄清的啤酒，经过杀菌、成品检测合格后，灌装入瓶子、罐子或桶中（图4-8）。

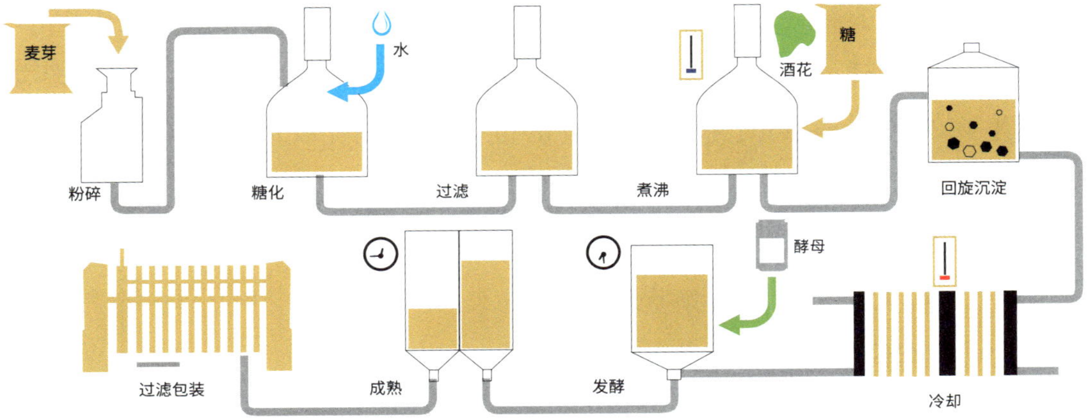

图4-8 啤酒的酿制过程

03 第三单元 微生物工程实践探究

肉眼看不见的微生物在自然界和人类生活中扮演着极其重要的角色。本单元带领大家探索微生物工程的实践。首先，我们通过对微观世界探究，了解微生物的形态和特性。其次，我们将关注微生物培养在环境监测中的应用。最后，我们利用所学的微生物工程技术，探索在家庭中制作美味的食品。

第1节 微观世界的探究——环境及人体表面微生物的检测

从土壤到空气，从水中到我们身体内，微生物无处不在。它们不仅能够分解垃圾、制造食物，还能够保护人们的健康。如果将微生物接种到适当的固体培养基上，经适宜温度培养，少量分散的菌体就能在培养基上形成肉眼可见的细胞群体——菌落（colony）。不同种类的微生物可形成大小、形态、颜色等特征各异的菌落。因此，通过平板培养，我们能够检查环境中微生物的类型和数量。探究微生物的世界不仅能让我们更好地了解自然，也能激发我们对科学的兴趣。

1. 实验目的

① 理解无菌概念，了解无菌操作技术；

② 掌握不同微生物菌落的形态特征。

2. 实验材料

营养琼脂平板（预制培养基）、无菌水、无菌棉签、试管架、酒精灯、记号笔、培养箱等。

3. 实验步骤

（1）标记

在 1 套营养琼脂平板的底部划出 4 个等分的区域，并标注 A、B、C、D 四个字母，代表不同样品，然后再标注姓名和日期。在另外两套营养琼脂平板的底部分别标注空气 1、空气 2，以及姓名、日期。

（2）检测

环境及人体表面的微生物多种多样，检测方法各不相同 。

① 空气将标有空气 1 的营养琼脂平板打开皿盖，放于实验台上，使培养基表面完全暴露在空气中；将标有空气 2 的营养琼脂平板打开皿盖，放于超净工作台上，1 小时后盖上两个皿盖。

② 人体表面及其他物体表面

手指：在酒精灯火焰旁，半开皿盖，用未清洗的手指在营养琼脂平板的 A 区内轻轻按一下，迅速盖上皿盖。然后用洗手液洗净双手，自然干燥后在营养琼脂平板的 B 区轻轻按一下，迅速盖上皿盖。

鼻腔：按无菌操作，从试管中取无菌湿棉签在自己鼻腔内滚动数次，立即在平板的 C 区内轻轻划线接种，迅速盖上皿盖。

桌面：按无菌操作，从试管中取无菌湿棉签擦抹实验台面约 $2cm^2$，将棉签从皿盖开启处伸至培养基表面，在 D 区内划线接种，迅速盖上皿盖。

（3）培养

将营养琼脂平板倒置于 37℃培养箱中培养 2~3 天 。

（4）观察

可从 24h 起连续观察数次，仔细观察各平板上不同类型菌落出现的顺序及菌落大小、外形、颜色等的变化。

学习提示

菌落特征描述（图 4-9）

(1) 大小：大、中、小、针尖状。可先粗略观察一下整个平板上的菌落，再决定大、中、小的标准。

(2) 颜色：黄色、金黄色、灰色、乳白色、红色、粉红色等。

(3) 干湿情况：干燥、湿润、黏稠。

(4) 形态：圆形、纺锤形、不规则等。

(5) 隆起：扁平、拱起、脐凹状等。

(6) 透明程度：透明、半透明、不透明。

(7) 边缘：完整、波状、裂叶状等。

图 4-9 各种微生物形成的菌落特征

【实验结果】

将观察结果记录在表 4-1 中。

表 4-1 微生物的检测结果

样品	空气 1	空气 2	A	B	C	D
菌落数量						
菌落特征						
简要说明						

注：菌落数量可用 + 号表示，从少到多依次为："+"，"++"，"+++"，"++++"。

思考与讨论

1 比较不同来源的样品，哪种样品平板菌落数量和类型最多？为什么？

2 比较洗手前后及空气处理前后菌落的变化，说明严格无菌操作的意义。

实验延伸

在我们生活的环境中，微生物无处不在。通过学习本实验的方法，我们可以检测共享单车、超市手推车、地铁扶手等公共场所表面存在的微生物。

第2节

微生物培养在环境监测中的应用——水中菌落总数的测定

环境中的微生物是衡量环境质量的重要指标之一。微生物的种类、数量及活性变化能够直观反映环境质量的优劣，并关系到公共健康、生态平衡及可持续发展。通过培养特定的微生物指示物种，如菌落总数和总大肠菌群，可以监测评价水体、土壤或空气的质量。微生物培养技术在环境检测方面发挥着重要作用。

1. 实验目的

学习检测水体中菌落总数的方法。

2. 实验材料

牛肉膏蛋白胨琼脂培养基、无菌水、灭菌三角烧瓶、灭菌吸管、灭菌试管等。

3. 实验步骤

（1）自来水水样的采集

用火焰灼烧3分钟自来水水龙头灭菌，再开放水龙头使水流5分钟。在火焰旁打开灭菌三角烧瓶瓶塞，迅速接取水样。

（2）水中菌落总数的测定

① 用灭菌吸管分别吸取1mL水样，注入2个灭菌培养皿中。

② 向每个灭菌培养皿中倾注约15mL已熔化并冷却到45℃左右的牛肉膏蛋白胨琼脂培养基，迅速摇匀。

③ 另取一灭菌培养皿，不加水样，倾注15mL牛肉膏蛋白胨琼脂培养基作空白对照。

④ 培养基凝固后，倒置于37℃培养48小时，进行菌落计数。取两个平板的平均菌落数作为1mL水样的菌落总数。注意，菌落数应在30～300之间，以确保结果准确。

4. 实验结果

① 将自来水中菌落总数的检测结果记录在表4-2中。

② 描述空白对照平板的结果。

表4-2 菌落计数结果

平板	菌落数/皿	自来水中菌落总数/($CFU\cdot mL^{-1}$)
1		
2		

思考与讨论

1. 检测自来水的菌落总数时，为什么要做空白对照试验？

2. 如果空白对照平板上也有菌落，说明什么？该如何处理？

3. 如果培养水样的平板上菌落数过多，该如何对水样进行稀释呢？

实验延伸

除了检测自来水，我们还可以取池塘水、河水或湖水等水样进行检测。同学们想一想，应该如何对这些水样进行采集和检测呢？

第3节

微生物培养在发酵食品中的应用——家庭自制泡菜

利用微生物发酵生产各种食品在我国有着悠久的历史。人们常说的开门七件事——“柴米油盐酱醋茶”中的“酱醋茶”都涉及微生物的发酵过程。无论是面包、馒头的松软，还是啤酒、酸奶的醇香，都离不开微生物的作用。我们生活中常见的泡菜也是微生物发酵的产物。

泡菜在我国民间广泛食用，历史悠久。在泡菜制作过程中，乳酸菌是主要的微生物，在厌氧环境中代谢蔬菜中的糖分，生成乳酸。这种酸性环境不仅让泡菜更美味，还能延长其保存时间。在泡菜腌制过程中一般需要加盐，抑制有害微生物的生长，并且增加泡菜的风味。

1. 实验目的

① 通过制作泡菜，了解泡菜制作的基本原理；

② 掌握泡菜的基本制作技术。

2. 实验材料

甘蓝、萝卜或其他蔬菜、蔗糖、食盐、小型泡菜坛。

3. 实验步骤

① 选择新鲜的甘蓝和萝卜等蔬菜，洗净并晾干，切成3~5cm的长条放入洁净的泡菜坛，直至蔬菜占泡菜坛总容积的2/3左右。

② 取含5%食盐和3%蔗糖的冷开水，加至泡菜坛的4/5容积处，然后盖上水封盖。

③ 置于28℃恒温箱中保温一周左右。

④ 一般通过感官如辨色泽（浅黄，无白花）、闻气味等，以及进一步测定pH值（一般以3.5~4.0为佳），来评定泡菜的成熟度。如果泡菜有异味和白花，则不能食用（图4-10）。

图 4-10 生白花的泡菜

【实验结果】

表 4-3 各种泡菜的感官情况记录表

泡菜	色泽	香气	质地
甘蓝			
萝卜			

思考与讨论

1. 为什么泡菜在腌渍过程中会变酸？
2. 怎么样防止泡菜腌渍过程中腐败菌的生长？

实验延伸

在家里，除了可以自制泡菜，我们还可以制作酒酿、葡萄酒、果醋、腐乳等传统发酵食品。同学们想一想，还有哪些食品是通过微生物发酵制作的呢？

04 第四单元 微生物工程拓展创新

1. 微生物工程与合成生物学

微生物菌种就像微生物工程中的“芯片”，是科研和工业生产中的关键点。工业生产用的微生物菌种，通常利用诱变育种或基因工程的方法改变微生物的遗传信息得以实现。随着技术的进步，目前应用基因编辑和高通量筛选技术大大加快了微生物菌种选育的效率。特别是近年来合成生物学的发展，使科学家能够更加高效地修改微生物的基因，设计出具备特定功能的微生物，用在医药、农业、能源和环境保护等领域。比如，科学家可以通过合成生物学设计出能生产药物的细菌或酵母，降低药品的生产成本；他们还可以创造出能够帮助农作物抵抗病虫害的微生物，提高农作物的产量；另外，还可以设计出能够分解有害物质的微生物，用来清理被污染的环境。合成生物学就像“生命的工程学”，通过它，科学家能够改造和设计微生物，解决很多实际问题。

国内的科学家通过合成生物学技术改造了酵母细胞，成功获得了人工合成的酵母。2018 年，中国科学院植物生理生态研究所的科研团队与合作伙伴，以原本含有 16 条染色体的真核生物酿酒酵母为研究对象，经过 15 轮染色体融合，最终创造出了仅含有 1 条染色体的酵母菌株 SY14(图 4-11)。这项研究在国际上首次创造出了自然界中不存在的简化生命形式——只含 1 条染色体的真核细胞，证明复杂的生命形式也可以通过简化来呈现。

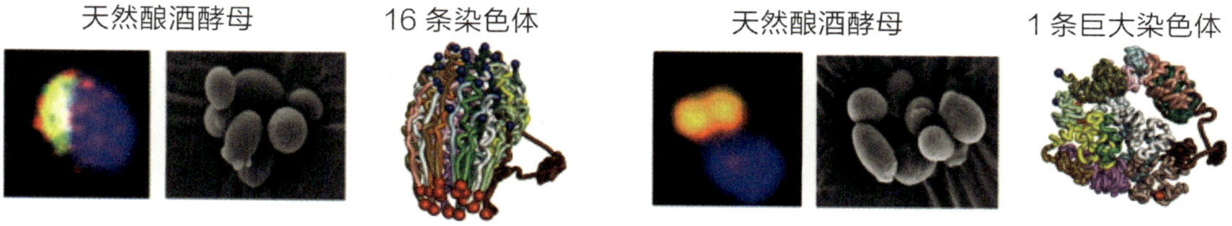

图 4-11 国际首例人造单染色体酵母

青蒿素是一种从中草药植物黄花蒿中提取的药物。国外科学家结合合成生物学和传统微生物技术，成功实现了青蒿素的工业化发酵生产。美国加州大学伯克利分校的研究团队通过合成生物学技术，开发了一种利用酵母人工合成青蒿素的方法。他们将多种与青蒿素合成相关酶的基因引入酵母细胞，使酵母能够将简单的前体分子转化为青蒿酸，再经过一步简单处理，将青蒿酸转化为青蒿素（图 4-12）。通过这种酵母发酵生产青蒿素，不仅显著降低了生产成本，也为全球抗击疟疾作出了重大贡献。

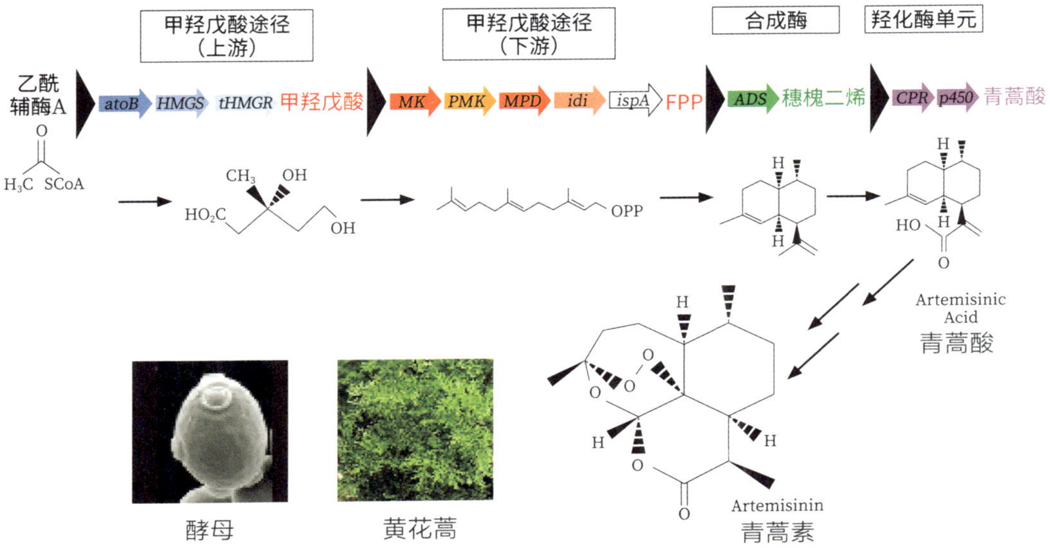

图 4-12 利用酵母细胞生产青蒿素

2. 微生物菌种高通量筛选新技术

从自然界中获得的天然微生物菌株通常不能直接用于工业生产，而需要通过诱变筛选育种技术对其进行改造。然而，传统的改造方法效率低，处理的菌株少，需要耗费大量时间和人力。高通量筛选技术则是一种快速、高效的筛选方法，能够处理大量样品，自动化程度高，操作方便。该技术结合了微量处理和自动化操作，能够生成大量实验数据并进行自动分析。整个筛选过程都由自动化设备完成，使得微生物育种的效率大幅提升，加快了微生物育种的发展速度。

使用微孔板自动化工作站，可以模拟人工操作，使传统的微生物菌种筛选工作自动化和高效化。研究人员利用这种设备，开发出一种用于筛选能够大量生产有机酸的酵母细胞的高通量工艺。在实验中，他们利用酸性物质与 pH 指示剂变色的原理，先进行平板预筛选，再使用微孔板筛选，并通过自动化设备从 2800 个突变菌株中筛选出一个高产菌株，使产量提高了 52%。基于颜色或荧光的筛选是一种非常直观且有效的高通量筛选手段，广泛应用于筛选能够产生颜色或荧光代谢物的菌株。图 4-13 展示的是多孔板技术的高通量筛选过程。

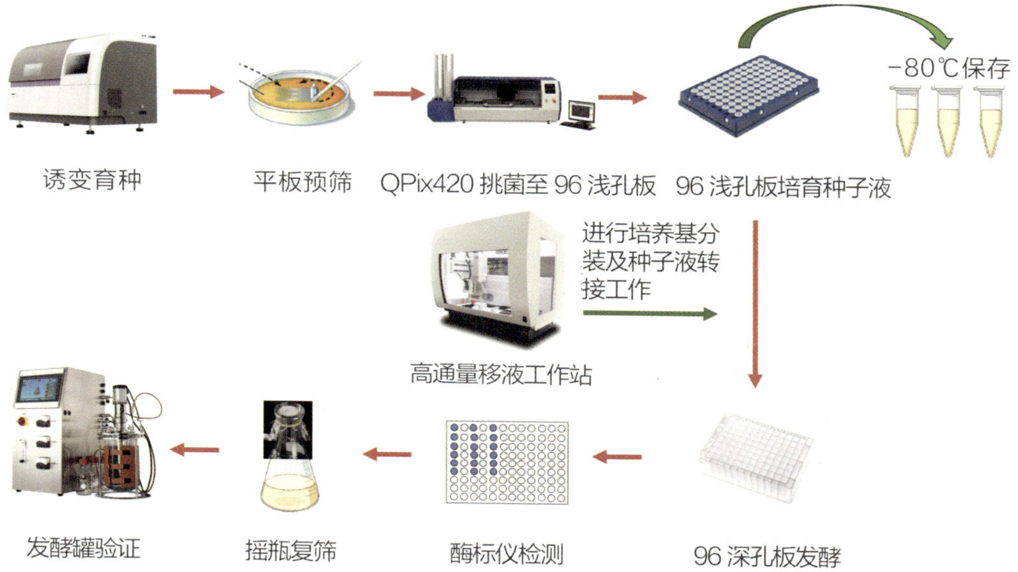

图 4-13 多孔板技术的高通量筛选流

3. 微生物工程的过程优化与控制新技术

微生物发酵是细胞通过新陈代谢进行物质转化的过程。为了提高目标产物的转化效率，我们需要对发酵过程中的动态变化进行实时监控，以便进行优化。但是，仅靠测量单一指标很难准确了解发酵的全过程。通过使用多种传感器，我们可以有效监测发酵中的温度、pH 值、生物量、溶解氧浓度、溶解二氧化碳浓度，以及尾气的成分和产生速度等，并实时进行分析，从而实现对发酵过程的精准控制。利用人工智能的强大数据处理能力，实现发酵过程的自动化和智能化管理。

红霉素是我国年产量达到万吨的广谱抗生素，应用范围十分广泛。我国的科学家根据红霉素的生物合成和代谢特征，采用过程优化与控制的新技术来优化生产过程。他们通过改造生产菌种的代谢途径，提高了红霉素的纯度，并优化了发酵过程中的关键参数。这些优化措施不仅显著提高了红霉素的产量，也大幅提升了产品的质量。

4. 微生物工程技术与新能源

微生物工程技术在新能源开发上有两个重要方向，一是拓宽生物基能源的来源。科学家们采用微生物工程技术生产纤维素酶和半纤维素酶，对储存量巨大但难以降解的生物材料（纤维素、半纤维素等）进行分解来生产乙醇。或者，设计可降解纤维素的工程菌株，能直接降解纤维素生产乙醇。二是通过构建和改造微生物，使其能高效利用太阳能，固定空气中的二氧化碳，生产菌体蛋白；或者，经过改造的微生物直接利用太阳能合成其他产品，这样可以降低对化石能源的依赖。

纤维素乙醇是一种由农作物秸秆、壳皮和林业边角料等植物纤维制造的燃料乙醇。作为一种清洁高效的生物能源，纤维素乙醇是国家可再生能源发展规划的重点方向之一。每年，我国农作物秸秆的产量可达 9 亿吨，农作物秸秆中含有大量纤维素，利用微生物工程发酵生产乙醇已进入工业化阶段。美国的玉米乙醇厂将玉米籽粒中的纤维素作为原料进行转化；巴西则利用甘蔗渣纤维发酵生产乙醇；我国的国家纤维素乙醇产业化示范项目则以玉米秸秆为原料生产纤维素乙醇。该产业具有零碳排放的特性，使用纤维素乙醇替代普通汽油能显著减少碳排放，拥有广阔的发展前景，是一个有潜力的未来产业。

现代微生物工程技术已经和众多行业深度交叉融合，产生了巨大的社会和经济效益。

拓展练习 1

医药行业

医药行业是微生物工程技术应用最广泛的领域之一。现代分子生物学技术的进步使得微生物工程能够用于生产多种生物活性物质，包括胰岛素、疫苗、单克隆抗体和激素等。这些技术的应用不仅提高了药物生产的效率，还显著提升了产品的质量和安全性。

思考一 维护健康：探索狂犬病灭活疫苗的生产

狂犬病是一种致死率极高的病毒性疾病，通过被感染动物咬伤或抓伤传播。狂犬病疫苗是预防该疾病的最有效手段。狂犬病疫苗通过培养狂犬病毒、灭活处理、纯化和配制佐剂制成，是一种高效、安全的预防工具。请查阅资料并撰写该疫苗生产过程的报告。

拓展练习2

生物可降解材料

塑料污染已经成为一个日益严重的环境问题。为了解决这一问题，科学家们正在研究可降解生物材料。发酵工程利用微生物的自然代谢过程，将有机物转化为聚乳酸等可降解材料。此类材料具有环保性与可持续性，广泛应用于包装和医用材料等领域。

思考二 绿色革命：聚乳酸的微生物工程生产

聚乳酸是一种新型的生物材料，主要以可再生的植物资源（如玉米、木薯等）为原料制成，具有良好的生物可降解性。其使用后能在特定条件下被自然界中的微生物完全降解，最终生成二氧化碳和水，是公认的环境友好材料。请根据图4-14，查阅资料撰写通过微生物工程生产聚乳酸的报告。

图4-14 聚乳酸生产过程

ENGINEERING LITERACY

工程素养 · **拓展篇**

5

第五章
改造生命的基因工程

01 第一单元
基因与基因工程概况

猜一猜：
科学家怎样把 2 个独立的基因拼接起来？

细胞是人体和其他生物体的基本结构和功能单位。自然界中的生物可以简单划分为单细胞生物和多细胞生物。日常生活中常见的细菌和用于发酵的酵母菌（图 5–1）就是典型的单细胞生物，而植物、动物和人类就属于多细胞生物。人体细胞有 200 多种，除红细胞外，均由细胞核、细胞质和细胞膜组成。细胞质中含有线粒体（产生能量）、内质网（合成蛋白质和脂质）、高尔基体（加工蛋白质）、中心体（参与细胞分裂）、溶酶体（分解蛋白质等分子）、微丝和微管（细胞骨架和运动）（图 5–2）。细胞核位于细胞质中，含有染色体，生命用于传种接代的遗传物质基因位于染色体中，还有一部分基因位于线粒体上（图 5–3）。

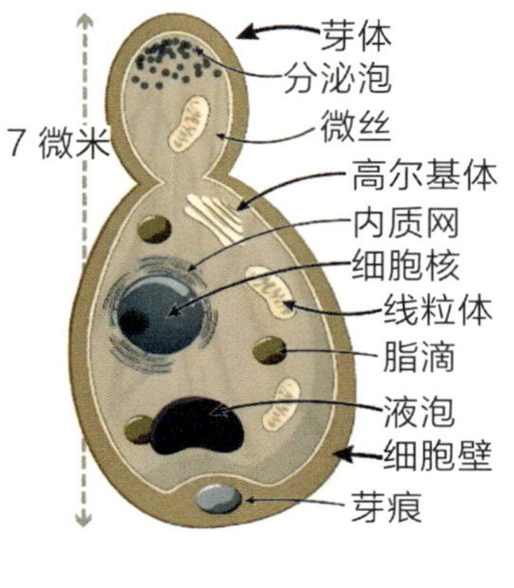

图 5–1 酵母菌模式图

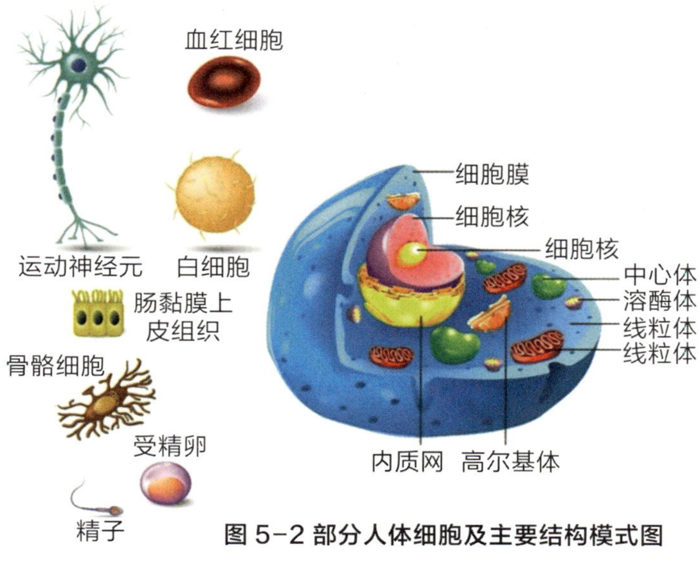

图 5–2 部分人体细胞及主要结构模式图

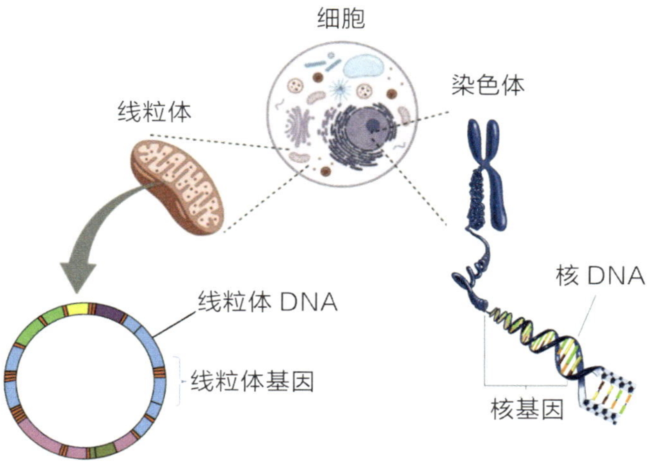

图 5-3 基因位于细胞核染色体与线粒体基因组中

染色质主要由蛋白质和脱氧核糖核酸（DNA）组成。DNA 是一种有机大分子，所有基因都位于 DNA 上。在细胞分裂时，染色体复制，DNA 也随之复制为两份，平均分配到两个子细胞中，使得后代细胞染色体数目恒定，从而保证了后代遗传特性的稳定。核糖核酸（RNA）是 DNA 转录的产物，负责传递遗传信息，部分 RNA 最终翻译成蛋白质，执行细胞的很多重要的功能（图 5-4）。

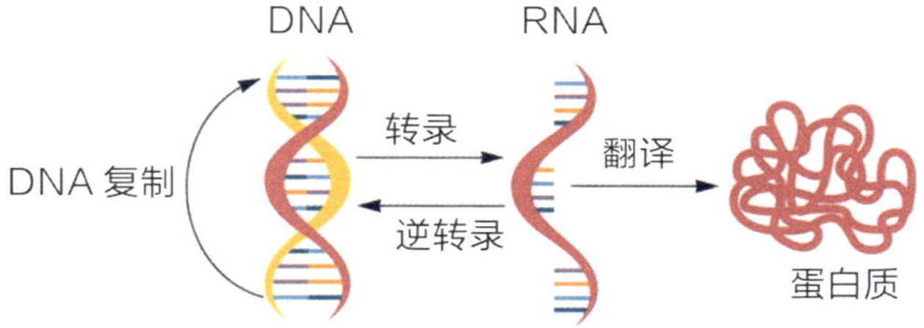

图 5-4 DNA、RNA 和蛋白质

基因是产生蛋白质或功能 RNA 所需的全部脱氧核苷酸序列，由四种脱氧核苷酸（脱氧腺苷酸、脱氧鸟苷酸、脱氧胞苷酸、脱氧胸苷酸）不断重复排列而成。人类编码蛋白质的基因结构包括编码区和调控区，编码区含有外显子和内含子，基因转录后会把内含子切除，外显子则翻译成蛋白质；基因的调控区主要包括启动子、近端调控区和远端调控区，不同调控区相互作用，共同影响基因的表达水平（图 5-5）。

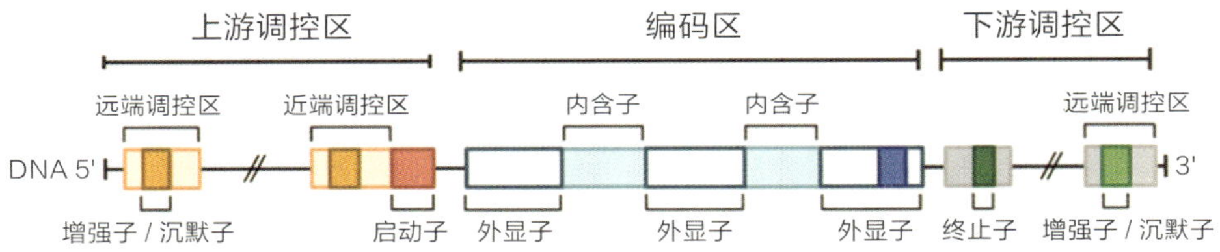

图 5-5 蛋白质编码基因的结构与组成

基因里储存着生命里所有的遗传信息，细胞乃至整个生命体的健康，与基因正常与否有直接的因果关系。生物体的生、长、衰、病、老、死等一切生命现象都与基因有关。迄今为止，已经发现人体有 46 万多个基因，其中蛋白质编码基因有 2.1 万多个。每个基因的长短不一，最短的只有 8 个脱氧核苷酸（TRDD1 基因），最长则可达 247 万个脱氧核苷酸（RBFOX1 基因）。

随着 DNA 的内部结构和遗传机制的秘密被揭示，特别是当了解到遗传密码由信使 RNA 转录表达以后，生物学家不再仅仅满足于探索揭示生命的奥秘，而是群情激昂，跃跃欲试，设想在分子的水平上去干预基因和生命。有人提出一个令人着迷的设想：假如将人类的基因连接到另外一种生物的 DNA 链上去，将 DNA 重新组织，不就可以按照人类的愿望，设计出人类所需要的蛋白质吗？这种完全如人类所愿，通过重新组装基因来生产蛋白质的生物科技，被称为“基因工程”。

第一个把上述大胆、神奇的设想变为现实的是美国斯坦福大学教授斯坦利·诺曼·科恩（Stanley Norman Cohen）和美国加利福尼亚大学洛杉矶分校的赫伯特·韦恩·伯耶（Herbert Wayne Boyer）。科恩从大肠杆菌里分离了质粒（一种携带基因的环状 DNA），伯耶则发现了大肠杆菌中能够切割DNA的限制性内切酶。1973年，在美国夏威夷召开的学术会议上，科恩和伯耶分别介绍了他们的研究成果。两位科学家都为对方的发现而由衷兴奋，因为他们认识到如果把这两种技术结合，就有可能创造新的分子，因此决定合作。

科恩回到自己的实验室后，利用伯耶提供的 DNA 限制性内切酶，把从大肠杆菌中提取的 2 个含有不同耐药基因的质粒切割并重新组装到一个质粒中去。当把这种人工处理的新质粒转进大肠杆菌后，大肠杆菌就具有抵抗两种药物的特性，而且这种抗性能够遗传至后代（图 5-6）。这项伟大的创举拉开了基因工程时代的序幕。科恩以 DNA 重组技术发明人的身份向美国专利局申报了世界上第一个基因工程的技术专利。伯耶则与哈佛大学化学专业毕业的投资人罗伯特·斯旺逊（Robert Swanson）一起以基因工程技术为核心创办了全世界第一基因工程公司 Genentech，并利用基因工程技术生产出了糖尿病患者急需的胰岛素，该产品于 1982 年上市，开创了基因工程制药的先河。这种用基因工程制备的胰岛素称为“重组胰岛素”。

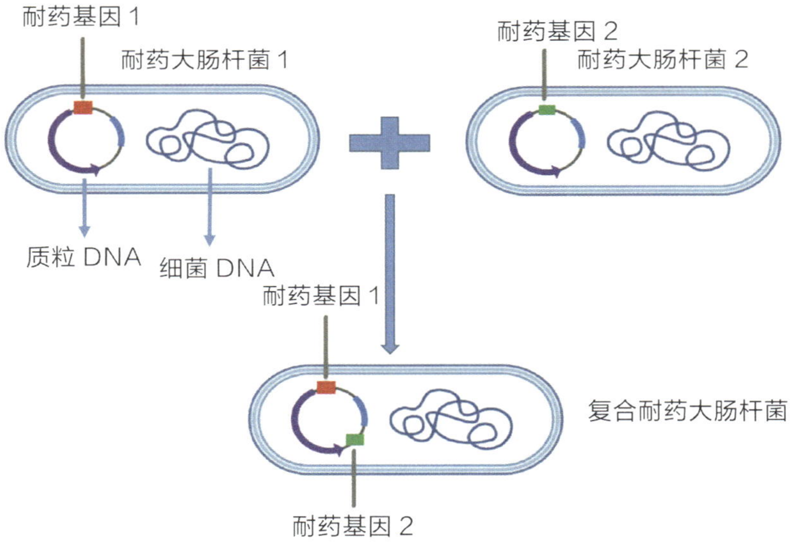

图 5-6 基因工程重组复合耐药大肠杆菌

思考与讨论

挑选两个你感兴趣的基因，在大肠杆菌里把它们组合到一起。说明挑选基因的理由，以及组合的办法。

1974年，科恩又将非洲爪蟾的DNA与大肠杆菌的质粒“拼接”成功，大肠杆菌体内产生了非洲爪蟾的核糖体核糖核酸。科恩实验的成功向全世界宣告了一个生物工程发展的光辉前景：基因工程完全可以不受生物种类的限制而按照人类的意愿去拼接基因，组装生命。此后，基因工程成为一门颇受世界各国青睐的前沿科学。

02 第二单元 治疗糖尿病的胰岛素是如何用基因工程生产出来的？

猜一猜：科学家如何利用细胞生产能够治疗糖尿病的重组胰岛素？

糖尿病是一种由胰岛素绝对或相对分泌不足以及利用障碍引发的，以高血糖为标志的慢性疾病。目前我国糖尿病患者超过 1.4 亿人，数量居世界第一，预计到 2045 年将增加到 1.74 亿人。

胰岛素是由胰脏内的胰岛 β 细胞合成的可以降低血糖的激素，1921 年由加拿大人弗雷德里克·格兰特·班廷(Frederick Grant Banting)和查尔斯·赫伯特·贝斯特（Charles Herbert Best）首先发现。1922 年，人们开始将从猪或牛胰脏中提取的胰岛素用于糖尿病患者的治疗，挽救了很多糖尿病患者的生命。

1955 年，英国弗雷德里克·桑格（Frederick Sanger）小组测定了牛胰岛素的全部氨基酸序列，开辟了人类认识蛋白质分子化学结构的道路。1965 年 9 月 17 日，中国科学家人工合成了具有全部生物活力的结晶牛胰岛素，它是第一个在实验室中用人工方法合成的蛋白质。20 世纪 80 年代，Genentech 公司生产的重组胰岛素上市。与动物胰岛素相比，重组胰岛素较少发生过敏反应或胰岛素抵抗，注射量平均减少 30%，且稳定性高，在 25℃左右的常温条件下可保存 4 周。

如此神奇的重组人胰岛素是如何生产出来的呢？让我们一起来了解一下（图 5-7）。

基因工程一般分为五个步骤：

① 获取符合要求的目的基因；

② 将目的基因与载体重组；

③ 把重组基因引入某种细胞；

④ 挑选高效表达目的基因的细胞；

⑤ 通过发酵、纯化、冻干等步骤获得所需的蛋白质。

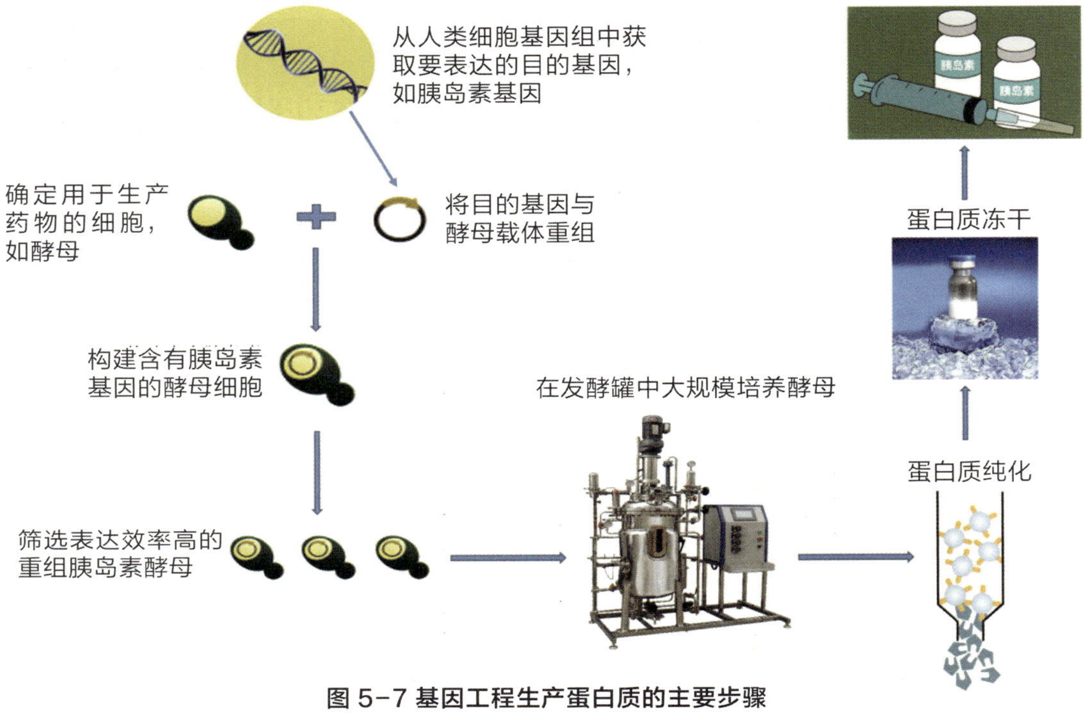

图 5-7 基因工程生产蛋白质的主要步骤

第 1 节 获取目的基因

20 世纪 70 年代末，随着 DNA 重组技术的产生和发展，如何快速获得目的基因已经成为瓶颈问题。1983 年，凯利 · 穆利斯（Kary Mullis）发明了聚合酶链反应技术，简称为 PCR 技术。该技术可将微量 DNA 片段大量扩增，为基因工程获取目的基因提供了简便快速的方法。PCR 技术的出现标志着分子生物学的腾飞，极大地加速了生物化学、分子生物学、遗传学和现代医学的发展。

一个基因就是 1 个拷贝（copy）。1 个拷贝的基因难以完成基因工程对基因数量的要求。利用 PCR 技术，1 个拷贝的基因可以扩增为 2 个，2 个可以扩增为 4 个，4 个可以扩增为 8 个，以此类推，经过 30 个扩增以后，基因的数量可以扩增到 10^9 个，即 10 亿（1 000 000 000）个拷贝（图 5-8）。

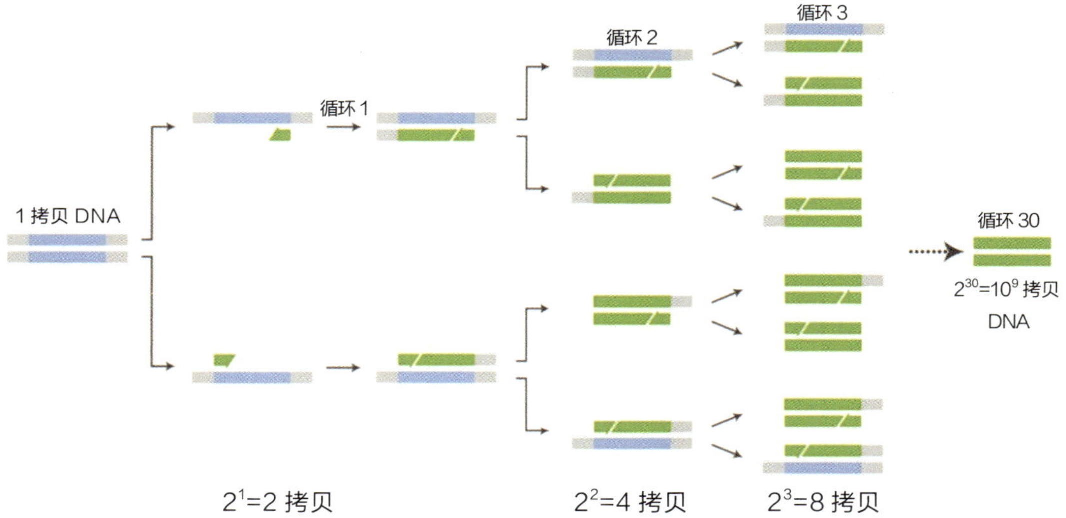

图 5-8 应用 PCR 技术获取足够拷贝的目的基因

第 2 节 构建重组 DNA

1. 切

DNA 分子很小，其直径只有五百万分之一厘米，在它们身上动手术是非常困难的，必须要有特殊的工具，这种工具就是核酸内切酶，它们能够在 DNA 上寻找特定的切点，认准后将 DNA 分子的双链交错切断（图 5-9）。迄今已经发现了 400 多种核酸内切酶。

2. 连

用核酸内切酶把 DNA 分子切开后，还得把 DNA 分子重新连接起来，以完成基因的拼接。担当此任务是“DNA 连接酶”（图 5-9）。

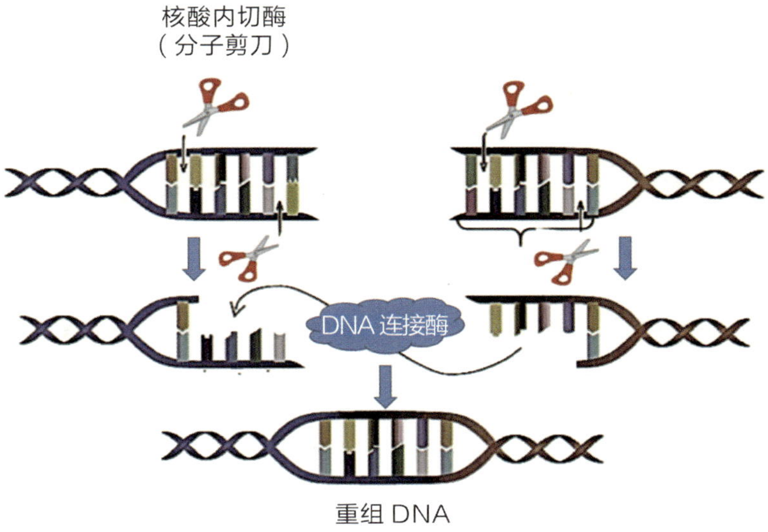

图 5-9 核酸内切酶把 2 个 DNA 分子切开，连接酶将切开的 DNA 分子连接为重组 DNA

第 3 节 载体将重组 DNA 转入细胞

载体类似于运输车辆，可以把重组 DNA 分子运送到细胞中去。根据病毒容易感染细胞的特性，将病毒进行改造，去掉其破坏细胞的结构，保留可以侵入细胞的结构，称为病毒载体（图 5-10）。科学家们还人工合成了很多非病毒载体，但迄今运输效率不如病毒载体。

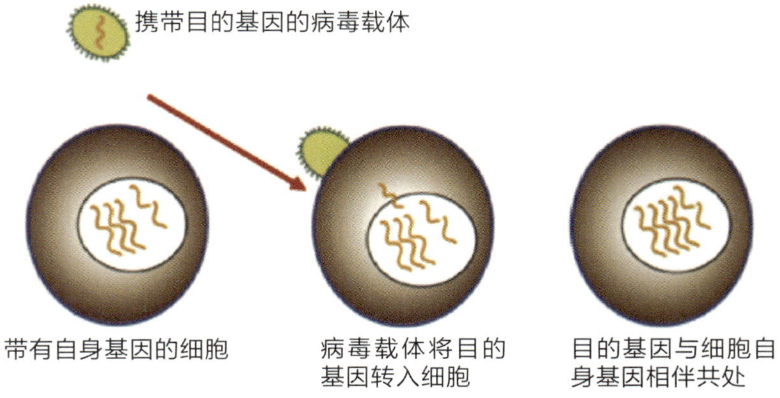

图 5-10 病毒载体将目的基因转入细胞

第 4 节
鉴定携带目的基因的细胞

判断目的基因是否成功地被送入细胞，必须要经过鉴定。鉴定的方法有多种，包括 PCR 法和抗药性筛选。如果目的基因进入了细胞，PCR 就可以把它们扩增出来，也可以通过观察细胞对抗生素是否敏感来进行筛选。由于载体上有抗生素抗性基因，带有目的基因的载体进入细胞后，就不能被抗生素杀死，而无载体的细胞则迅速死亡（图 5-11）。

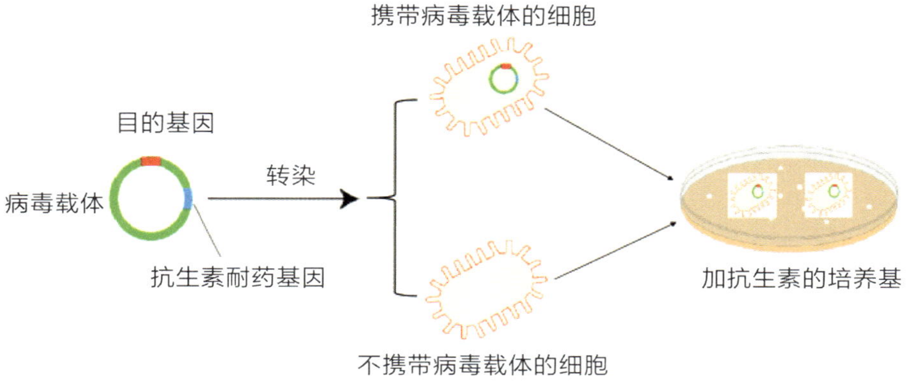

图 5-11 抗生素筛选携带目的基因的细胞：携带目的基因和抗生素耐药基因的细胞在加抗生素的培养基中可以存活，不携带目的基因和抗生素耐药基因的细胞则会被抗生素杀死

第 5 节
表达重组蛋白

携带目的基因的细胞，经过培养瓶或发酵罐的培养，不断繁殖增多，目的基因也随之表达为蛋白质。有的蛋白质被分泌到细胞外，通过纯化就可以获得；有的蛋白质停留在细胞中，可以通过破碎细胞获得；获得的蛋白质经过纯化和冻干，可以长期保存。

以上基因工程步骤可用于生产任何一种基因药物，胰岛素就是这样生产出来的。

思考与讨论

按照上述步骤，挑选任何一个你喜欢的基因，用文字加图片的方式设计一条生产方案。

03 第三单元 DNA 提取的实践探究

猜一猜：

千里之行，始于足下。基因工程最基础的一步就是要提取目的基因的 DNA。怎样才能提取出比较纯的 DNA 呢？

基因工程由一系列复杂的高科技技术组成，其中提取 DNA 是最基础的一步，也是中学生可以完成的实验。本节介绍常用的 DNA 提取方法，同学们可以根据条件和兴趣选择其中一到两种进行实践探究。

DNA 提取的基本步骤如图 5-12 所示。

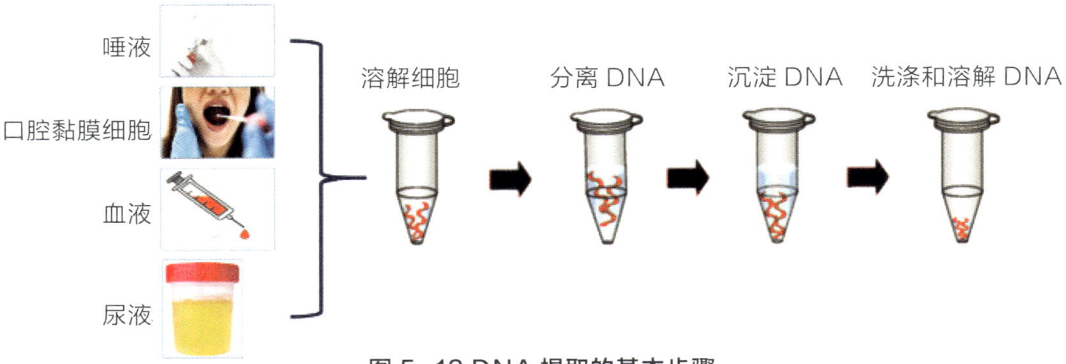

图 5-12 DNA 提取的基本步骤

第 1 节 酚 / 氯仿法

酚与氯仿是非极性分子，水是极性分子。细胞裂解后的蛋白质与酚或氯仿混合时，蛋白质内的水分子被酚或氯仿去除，发生变性，通过离心可把密度大的变性蛋白质沉淀下来，而溶解在水中的 DNA 无法沉淀，从而到达分离蛋白质与 DNA 的目的。

1. 实验材料

口腔黏膜取样套装；EP 管，移液头；0.2% 盐水，TE 缓冲液（10 mmol/L Tris-HCl，pH8.0；1 mmol/L EDTA，pH8.0），10%SDS，100 μg/mL 蛋白酶 K，酚，氯仿，异戊醇，醋酸钠，无水乙醇，70% 乙醇，双蒸水。

2. 实验设备

移液器，高速离心机，水浴锅，振荡器，-20℃冰箱。

3. 实验步骤（图 5-13）

① 细胞裂解：将口腔细胞置于 EP 管中，加入 1.5mL TE 缓冲液，1/10 体积的 10%SDS 和 100 μg/mL 蛋白酶，37℃消化 4 小时（55℃水浴锅 1~2 小时）。

② 酚氯仿抽提：加入等体积的酚氯仿混合物（通常比例为酚：氯仿：异戊醇 =25 ： 24 ： 1），轻轻混匀 15 分钟，5000 转 / 分离心 5 分钟。小心吸取上层水相至另一个 EP 管中，避免携带下层的有机相。

③ 沉淀 DNA：向上层水相中加入醋酸钠和预冷的无水乙醇，轻柔混匀后，置于 -20℃冰箱中静置过夜，使 DNA 沉淀。

④ 洗涤 DNA：用 70% 乙醇洗涤沉淀，去除残留的盐和其他杂质。

⑤ 溶解 DNA：将洗涤后的 DNA 沉淀晾干，加入适量的 TE 缓冲液溶解，得到 DNA 溶液。

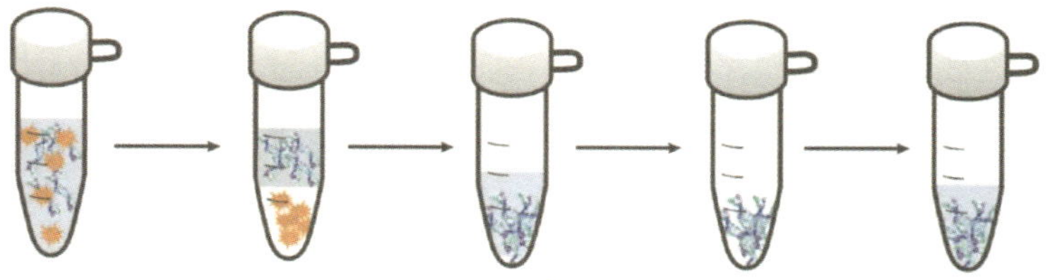

图 5-13 酚 / 氯仿法提取 DNA 步骤

注意事项：

① 温度控制：在每个步骤中，温度的控制非常重要，特别是裂解和沉淀步骤，需要按照步骤中的温度要求进行操作。

② 离心速度和时间：离心时需要控制好离心速度和时间，以确保分离效果。

③ 避免污染：操作过程中需要避免交叉污染，尤其是在处理不同样品时。

④ 试剂比例：酚氯仿混合物的比例需要准确配制，以确保提取效果。

第2节 CTAB法

CTAB 法提取 DNA 的原理是将十六烷基三甲基溴化铵（CTAB）作为阳离子去污剂，通过溶解细胞膜使细胞裂解，并在高盐溶液中与蛋白质形成复合物而沉淀，从而分离出 DNA。

1. 实验材料

EP 管，移液头；CATB 缓冲液（2%CTAB，100 mmol/L Tris，pH 8.0；20 mmol/L EDTA，1.4 mol/L NaCl），TE 缓冲液，氯仿，异戊醇，醋酸钠，75% 乙醇，双蒸水。

2. 实验设备

移液器，高速离心机，振荡器，水浴锅。

3. 实验步骤

① 2%CTAB 抽提缓冲液在 65℃水浴中预热，取 700μL 加入 1.5mL EP 管中，再加入处理后的口腔细胞，置于 65℃的水浴槽或恒温箱中，每隔 10 分钟轻轻摇动，30 分钟后取出。

② 冷却 2 分钟后，加入氯仿 - 异戊醇（24 ∶ 1）至满管，振荡 2~3 分钟至均匀。

③ 放入离心机中 10 000 转 / 分离心 10 分钟，吸取上清液，转入含有 600μL 异丙醇的离心管内，摇动 30 秒使二者充分混合至能见到絮状物。

④ 10 000 转/分离心 1 分钟后倒掉液体，注意勿将白色 DNA 沉淀倒出，加入 720 μL 75% 乙醇及 80 μL 5 M 醋酸钠，轻轻转动，用手指弹管尖，使沉淀与管底的 DNA 块状物浮游于液体中；放置 30 分钟，使 DNA 溶解。

⑤ 10 000 转/分离心 1 分钟，倒掉液体，加入 800 μL 75% 的乙醇，洗涤 30 分钟。

⑥ 10 000 转/分离心 30 秒，倒掉液体，将离心管倒立于铺开的纸巾上；数分钟后，直立离心管，干燥 DNA（自然风干或用风筒吹干）。

注意事项：

① CTAB 溶液在低于 15℃时会形成沉淀析出，因此在加入冰冷材料之前必须预热，且离心时的温度不要低于 15℃，以防影响对 DNA 的提取。

② 提取不同组织的 DNA 需要调整 CTAB 缓冲液的浓度、体积以及研磨时间等参数。

第 3 节
高盐法

高盐法是一种简单且常用的 DNA 提取方法。其原理是利用高盐溶液中的 DNA 与其他细胞组分（如蛋白质）之间的亲和性差异。在高盐环境下，DNA 更容易溶解且不与蛋白质结合，从而实现 DNA 的提取。

1. 实验材料

EP 管，移液头；SDS，蛋白酶，TE 缓冲液，氯仿，异戊醇，醋酸钠，75% 乙醇，双蒸水。

2. 实验设备

移液器，高速离心机，振荡器，水浴锅。

3. 实验步骤

① 口腔细胞处理同前。

② 细胞破碎：将口腔细胞置于 EP 管中，加入 1.5mL TE 缓冲液，1/10 体积的 10%SDS 和 100μg/mL 蛋白酶，37℃消化 4 小时（55℃水浴锅 1~2 小时）。

③ 加入浓盐溶液：加 75μL 5mol/L NaCl，充分摇匀后 13 000 转 / 分离心 10 分钟。

④ 将上清液移入新的 EP 管中，加入 1mL 无水乙醇沉淀 DNA。

⑤ 片刻离心，弃上清液，将沉淀 DNA 用 75% 乙醇快洗 2~3 遍。

⑥ 室温干燥后，加 TE 缓冲液 50μL 溶解 DNA。

第 4 节 SDS 提取法

十二烷基硫酸钠（SDS）在高温条件下裂解细胞，使蛋白变性，释放出核酸。这一步骤的目的是通过 SDS 的作用使细胞膜破裂，从而释放出 DNA。

1. 实验材料

EP 管，移液头；SDS，蛋白酶，TE 缓冲液，氯仿，异戊醇，醋酸钠，无水乙醇，75% 乙醇，双蒸水。低盐缓冲液（10mmol/L Tris-Cl，pH 7.6；10mmol/L KCl，2mmol/L EDTA，4mmol/L MgCl）。

2. 实验设备

移液器，高速离心机，水浴锅，振荡器，-20℃冰箱。

3. 实验步骤

① 口腔细胞处理同前。

② 将口腔细胞置于 EP 管中，加低盐缓冲液 200μL，充分混匀。再加入 10% SDS 15μL，混匀，室温下放置 5 分钟，使细胞充分裂解。加入 SDS 后操作要轻柔，避免产生的机械力使基因组 DNA 断裂。

③ 加入6mol/L NaCl溶液75 μL,充分混匀,120 000转/分离心10分钟。

④ 将上清液转移到另一 EP 管中，加 2~2.5 倍冰乙醇沉淀 DNA，120 000 转/分离心 10 分钟。收集上清，加无水乙醇沉淀。

⑤ 收集 DNA 沉淀，弃去冰乙醇；70% 乙醇清洗 DNA，12 000 转/分离心 10 分钟，弃去乙醇。

⑥ 风干后，加入 50~100 μLTE 缓冲液溶解 DNA。

这些方法各有优缺点，选择哪种方法取决于实验的具体需求和样本类型。

试一试：

根据学校的实际条件，选择 1~2 种方法，进行 DNA 提取。

04 第四单元 拓展创新

几十年来，基因工程已经成为生命科学领域中具有重要影响力的一项技术。它在医学、农业、环境保护等领域的应用突飞猛进，为应对一系列人类面临的重大挑战提供了新的解决方案。

在医学领域，基因工程为治疗一些难以根除的遗传性疾病提供了新的途径。目前已有 300 多种基因工程蛋白质药物和 50 多种基因治疗药物投放市场，同时有超过 4000 种基因工程和基因治疗药物处于临床实验阶段。自 2016 年起，基因治疗药物的全球商业化步伐显著加快，平均每年大约有四款新药成功上市。在中国，基因治疗药物的研发也取得了显著进展，迄今已有 30 多种基因工程和基因治疗药物获批上市，正在进行临床研究的有近千种。

基因工程在农业领域的应用也非常广泛。通过利用基因工程技术，农作物可以被改良以提高产量、增加抗性，并且能够适应不断变化的气候和环境条件。这不仅有助于解决全球粮食安全问题，还有助于减少农药和化肥的使用，保护生态环境。此外，基因工程还可以用于养殖动物的改良和遗传疾病的治疗。

除了农业和医学领域，基因工程在环境保护方面也具有潜在的应用价值。例如，基因工程可以用于解决环境污染问题，如油污染和重金属污染。它可以改良微生物的基因，使之能够高效分解有害物质，从而加速环境修复的过程。此外，基因工程还可以为生态保护提供新的工具，例如改良濒危物种的基因，以增强其生存能力。

合成生物学是一门集成了生物学、工程学和计算机科学的学科，致力于设计和构建新的生物功能系统。它通过改造和组合生物学部件，如基因、信号传导通路和代谢途径，来构建具有特定功能的生物体。基因合成是合成生物学中的一个重要领域，旨在通过化学方法合成人工的 DNA 序列。随着合成生物学技术的不断进步，合成较长的 DNA 片段甚至整个基因组已经实现，这为基因工程研究提供了更大的灵活性和创新空间。通过合成生物学和基因合成技术，科学家们可以设计和构建新的基因组，创造具有特定功能的生物体。这对于生物医药的研究和生产有重要意义，同时也有助于解决环境和能源领域的问题。

拓展练习

基因工程给我们展现了一个新的图景，只要我们掌握了足够的特性基因，就可以借助大肠杆菌、酵母菌等生物反应器生产自己想要的基因。你想提取哪个基因？运用哪种生物做反应器？生产什么基因？

请你和小伙伴应用前几个单元所学习的知识和方法，并辅助查阅相关资料，制定一份应用基因工程技术完成某个项目的方案，并与大家分享。

选题举例：

例 1. 从人的口腔黏膜细胞中提取任何一个你感兴趣的基因。

例 2. 应用商用质粒，构建任何一个与质粒重组的人类基因。

例 3. 在大肠杆菌中表达任何一个人类基因。

方案建议：

1. 字数 2 000~3 000，包括题目、作者信息、摘要、正文、参考文献。
2. 正文包括背景介绍、研究目的、研究方法、研究结果、讨论。
3. 研究方法可以图文并茂。
4. 研究结果必须用图表展示。任何图表都需要有文字解释。

图书在版编目（CIP）数据

工程素养．拓展篇 / 丁力主编．-- 上海：同济大学出版社，2024. 12. -- ISBN 978-7-5765-1479-7

Ⅰ．G634.73

中国国家版本馆 CIP 数据核字第 2024VH4000 号

工程素养（拓展篇）

丁力 主编

出 品 人：金英伟
责任编辑：熊磊丽
责任校对：徐逢乔
装帧设计：思樘设计

出版发行：同济大学出版社
地　　址：上海市杨浦区四平路 1239 号
电　　话：021-65985622
邮　　编：200092
网　　址：www.tongjipress.com.cn
经　　销：全国各地新华书店
印　　刷：上海安枫印务有限公司
开　　本：787mm × 1092mm 1/16
印　　张：9.25
字　　数：128 000
版　　次：2024 年 12 月第 1 版
印　　次：2024 年 12 月第 1 次印刷
书　　号：ISBN 978-7-5765-1479-7
定　　价：58.00 元